レポート・卒論に役立つ

日本語研究のための統計学入門

閻琳・堤良一

くろしお出版

◉ある日の日本語学ゼミにて

堤さんはくろしお大学文学部３年生。日本語学ゼミに所属。来年，日本語の文法について卒業論文を書くために勉強中。

先生，ご相談があります。
論文を読んでいるとき，統計学の結果が書かれてるところはいつも訳わかんないママ読み飛ばしちゃうんです。自分でレポートを書くときも，数値の計算は％や平均点を出す以上のことはできないし。

うーむ，確かに。統計学の活用法レクチャーを日本語学ゼミで開催したいところだけど……（実は私も教えるだけの自信はない……ごにょごにょ……）。
そうだ！　お隣の心理学ゼミのエン先生にお願いしてみようか。

日本語学ゼミの先生

エン先生はくろしお大学心理学部の先生。統計学を日常的にフル活用して研究を行う。

私でよければ，お安い御用ですよ。では堤さん，どんなことを調べているか教えてください。統計学の知識と具体的な方法を学んで，あなたの日本語研究をさらにパワーアップさせましょう！

……こんなやりとりで，堤さんは，心理学の専門家であるエン先生に統計学のレクチャーを受けることになったのでした。

はじめに～本書をお読みいただく前に～

この本は，日本語学や日本語教育を研究している，次のような人に手に取ってもらいたいと思っています。

- レポートや卒業論文を書いているのだけれど，データの数を数えたり，アンケートをとったりして，「全体の～%が……」とか「平均値を比べると……」という研究をしたい／している大学生のみなさん
- 修士論文や博士論文で数を扱う研究をしたいと考えている院生のみなさん
- 統計はやったことがないけれど，指導の行きがかり上，統計ができた方がいいと思っている大学（や高校）の先生方

学生さんの研究は数を扱うことが多い

日本語教育の論文を読むことがあります。もうずいぶん前から，「χ^2 検定」とか「分散分析」とかいうことばが目に入ってくるようになりました。細かい数値やデータがわーっと掲載されていて，まったくちんぷんかんぷんのまま，結論だけをかじって，勉強した気分になっていました。

大学に就職してからしばらくは留学生に日本語を教える仕事だけをしていました。それが，いろいろな事情で，専門の教育に携わることができるようになりました。勤務先の学部では，卒業論文の執筆が課されていて，私も学生の卒論指導をすることになりました。

学生さんはとにかく数えるのが好きです。過去に私が指導したものの中で，数を数えた研究には次のようなものがあります。

- 日本留学を経験した日本語学習者と，母国でのみ日本語を勉強している学習者のあいづちの数は違っているか？
- 「やばい」という言葉は，1990年代，2000年代，2010年以降で使用頻度にどれくらいの差があるか？　増えているか？　減っているか？
- 話題によって，フィラーの出方は変わるか？

いまこの文章を読んでいる人の中にも，「私，そういう研究してる」とか，「う

ちの学生も同じことやってるな」という方がいるのではないでしょうか？　そして私はこれらの学生たちが，「留学経験者は１分間で平均７回のあいづちを打ちましたが，未経験者は３回しか打ちませんでした」とかいう結果を出す度に，「じゃあ，留学経験者の方があいづちが多いんだね」とか言ってきたわけです。

統計というものの存在は（論文を読んでいると出てくるので）知っていましたが，考え方，やり方がわからない。調べれば？　と言われるかもしれませんが，ま，そこはそれ，めんどくさいやん？

閻琳（えんりん）さんとの出会い

そんなとき，閻琳さんに出会いました。いや，正確には「再会」しました。閻さんは元々岡山大学の文学部の私費外国人留学生で，１年生のときには日本語を教えていたのです。２年生になってからは心理学を専門にされたので，ほとんど会うこともなかったのですが，大学院に進学されたとは知っていました。

「いまさら聞けない統計学」ですが，元の学生さんにならちょっとくらい聞いてもいいかなぁと，閻さんに連絡をしました。閻さんは懇切丁寧に（文字通り，本当に丁寧に），根気よく教えてくれました。そして，私自身はそれなりに統計を理解することができるようになりました。

わかりやすいテキストがほしい！

この経験を，私だけの中に置いておくのはもったいない！　と思いました。そこで，テキストとして出してみようと思い立ちました。くろしお出版の藪本さんに相談したところ，興味を持ってくださり，今回の出版に至りました。

統計を使ってみたいと思っている方は，日本語を研究している人の中にもたくさんいらっしゃると思います。しかし，テキストはそれほど多くはないようです。また，日本語の研究にどのように使えるのかについて示したものはもっと少ないと思います。

この本で気をつけたことは，「とにかくわかりやすく」することです。統計とはどのようなものかということについての私の理解は，ある母集団から得られた，限られたデータを分析することによって，その母集団すべての結果と見ることができるというようなものです。例えば，前の卒論の例で言うと，その学生さんが収集したデータは，日本への留学経験のある人とない人のごく一部です。そのデータは，それだけでオリジナルなデータとして十分に価値があるものです。しかし，この結果が「たまたま」である可能性は排除できません。他の対象者に聞けば，違った結果が出てしまう可能性がついてまわるのです。しかし，どんなに頑張っても，過去に日本に留学した経験のある人全員のデータを収集することは不可能です。このような場合に，統計を用いれば，一部のデータの結果をもって，母集団の結果であるとすることができるのです。

統計は数学です。多くのテキストには（少なくとも私にとっては）とても複雑な数式が載っています。**本書は，あえて，極力数式を使わずに説明することを心がけました。**どのようなデータを集めて，どのような手順を踏めば，どのような結果を手に入れることができ，それはどのように読んで解釈すればいいのか。このことの解説にできるだけ力を注ぎました。闇さんは，優秀な心理学者として，本当はいろいろと解説しなければならないと感じておられると思います。しかし，私の強い希望で，できるだけ簡単にしました。そのことによる不備はすべて私の責任です。

それでも，「ド素人」の私が，学生になって，わからないと感じたところを詳しく解説するようにしましたので，同じように統計をやったことがない方にもわかっていただけるのではないかと思います。

テキストの中では，私は数十年若返って，大学生になっています。私が出すテキストにはなぜか私のイラストが多用されるのですが，こんなに若いツツミを見るのは初めてです。エン先生は闇さんがモデルになっています。

◎データはダミーです

本書で扱っているデータは，ダミーです。実際にデータを採って，大体そのようになることを確認したものもありますが，まったく異なる結果となるかもしれないものも含まれます。統計の説明をする際には，結果がはっきり出るものを用いた方が良いという判断から，ダミーデータを用いています。興味がある方は，実際にデータを採ってみて，どのようになるか分析してみてもいいと思います。

◎本書で扱うものは，正規分布を前提としています

本書で扱う統計のうち，t 検定と分散分析は，「正規分布」を前提にしています。正規分布とは，データの分布をグラフにして描いたときに（ヒストグラムと言います），山型の分布を示すことを言います。t 検定と分散分析は，データが正規分布しないと使うことができません。正規分布をしないときには，それぞれ，別の統計を用います。しかし，データの揃え方，統計ソフトの使い方は似ているので，本書で勉強された後で，独学することができると思います。

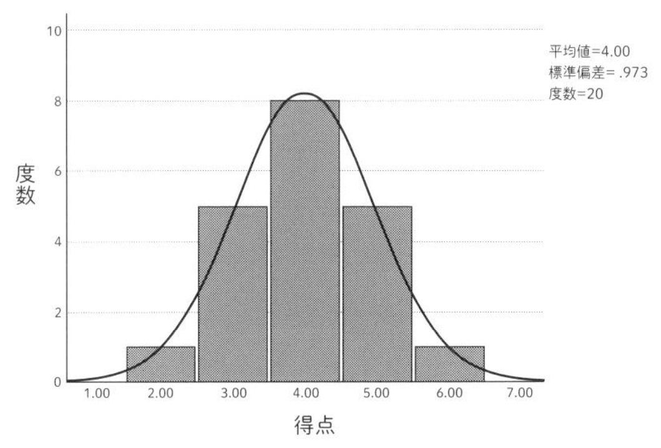

「正規分布」のグラフ（第２章課題１のデータをもとに作成）

◎ SPSS と js-STAR

本書では，統計の計算処理に２つの有名なツールを用いています。１つは IBM 社が出している SPSS Statistics（Ver. 29）です。こちらは，有償のソフトで個人で購入するのは少しハードルが高いものです。大学などが一括購入していることがありますので，ご自分の研究室で使用できるか確認してみて下さい。

もう１つは js-STAR（XR＋）です。こちらはウェブ上で動く（ダウンロードも可能），フリーソフトです。田中敏・中野博幸の両氏が開発したもので，初心者でもわかりやすく操作できるようになっています。

本書では，両ソフトの使用許可を得て，画像を付けて操作方法を詳しく解説しています。なお，バージョンが異なれば操作方法に違いが生じる場合があること，動作環境により画面の見え方等が異なる場合があることをご承知ください。

◎本書の読み方と構成

本書は原則，序章～第７章まで，順番通りに読み進めていただくことを前提としています。また，第１章以下の１項目は下記のような構成となっています。

［事前講義→（「エン先生」と「堤さん」の２人の会話による）課題提起→ SPSS による分析方法→ js-STAR による分析方法→結果の記述方法例→各章末練習問題］

◎データファイルを使って練習しながら読み進めて下さい

この本には，読者のみなさんが練習しやすいように，が付されている表にはExcelのデータファイルが用意されています。読み進めるときには，そのデータファイルを使って一緒に練習して下さい。

Excel データファイル DL 先：https://www.9640.jp/books_931/

※図書館での館内閲覧または館外貸出の際も，本データファイルをご利用いただけます。

謝辞

はじめに，本テキストの企画に際し，SPSSおよびjs-STARの掲載を許可してくださった日本IBM株式会社，田中敏・中野博幸の両氏に感謝します。また，共著者の閻琳さんの岡山大学在学時の指導教官である堀内孝先生にも細やかなアドバイスをいただきました。深くお礼申し上げます。

本書のほとんどの部分は，閻さんが執筆しています。日本語学・日本語教育という，専門ではない分野のデータの扱い方を，いろいろと工夫してくださりました。今後の日本語研究に対する１つの提案になることと思います。本務校での激務の中，締め切りをほとんど守り，丁寧に仕事をしてくださった閻さんに，心よりの感謝を表します。

そして，くろしお出版の藪本祐子さんにも感謝します。藪本さんは，私のゼミの卒業生で，今や敏腕編集者として我々の業界では恐れられる存在になりました（ご本人から「イヤミですか？」と聞かれましたが，本当にそう思っています）。今回も，遅れがちになる仕事が止まってしまわないように叱咤激励してくださいました。昔，「卒論まだか～？」と催促していた人間が，「「はじめに」の原稿まだですか？」と催促されるというのは，なかなかおもしろく，多くの先生が経験したことのない気分を味わえたと思っています。

お二人のご尽力なしには本書は出版されなかったでしょう。

本書がみなさんの研究の一助となること，ひいては，日本語研究がより進展することを望みます。

2023年某日　ええ天気の大阪にて

堤 良一

目　次

序章

基本的な用語・知識とソフトの使い方

本章では，基本的な統計学の用語・知識と，ソフトの使い方について学びましょう！　まずは，用語・知識から。聞き慣れない言葉が多いと思いますが，「こういう用語が使われる」「こういう知識が前提となる」ということを学んでください。

用語・知識

1. 変数とデータ

条件によって値が変化するもののことを「変数」，実際の調査で得られた一つひとつの値のことを「データ」とよぶ。例えば，母語による文法性判断の違いについて調べるために，ある文章の自然さについて一定数の日本語母語話者と日本語非母語話者に対して調査を行い，その文章の自然さの評価得点を収集する，という方法を採るとする。ここで，母語によって文章の自然さの評価得点が異なることを想定すると，「母語」が変数，調査で収集された評価得点が「データ」となる。変数は，測定のレベルによって「名義尺度」，「順序尺度」，「間隔尺度」，「比率尺度」という4つの尺度に分類される（**4** を参照）。また，データは，性質によって「質的データ」と「量的データ」に分類される（**2** を参照）。

2. 質的データと量的データ

●質的データ

性別や国籍，血液型のように，言語や記号によって研究対象の属性を表現するデータのことを「質的データ」とよぶ。数値で表現しにくく，また，数値で表現しても足したり引いたりする四則演算ができない。例えば，調査協力者を日本語母語話者と日本語非母語話者に分類した場合，日本語母語話者を1，日本語非母語話者を0という数値で表現したとしても，この数値を用いて計算することに意味はない。

量的データ

年齢や身長，成績のように，数値によって研究対象の属性を表現するデータのことを「量的データ」とよぶ。そして，その数値で表現される値が意味を持つ。例えば，ある文章の自然さについて，日本語母語話者と日本語非母語話者を対象に調査を行ったとする。その際に得られたデータを用いてそれぞれの平均値や標準偏差を算出することができ，母語による文法性判断の違いを検討することもできる。

3. 離散変量と連続変量

量的データには「離散変量」と「連続変量」がある。

離散変量

飛び飛びの数値であり，それ以上分割することができない変量のことを「離散変量」とよぶ。例えば，あるクラスに男子が12人，女子が8人いる，というような場合の「人数」は，「12人」，「8人」のように飛び飛びの値であり，これ以上分割することができないため離散変量に該当する。

連続変量

連続的な数値であり，測定方法によってさらに細かく値を割り出すことができる変量のことを「連続変量」とよぶ。例えば，体重を測定する際には，精密な体重計を使用することによって，50.1234321……kgと小数点以下，連続する数値をいくらでも計ることができる。よって，これはより細かく分割することができる連続変量に該当する。

4. 尺度水準

名義尺度

データをいくつかのカテゴリーに分類するために用いられる尺度のことを「名義尺度」とよぶ。名義尺度は性別や国籍，血液型のように，カテゴリーの間の質的な違いを示すことができるが，量的データのように大小関係を示したり計算したりすることができない。また，便宜的にカテゴリーを数値化することがある。例えば，男性を1，女性を0とする。しかし，ここでは，「女性（0）」よりも「男性（1）」の方が大きいことや，「男性（1）＋女性（0）」のように計算することには意味がない。

●順序尺度

データの順序関係を示すために用いられる尺度のことを「順序尺度」とよぶ。成績順位や商品の人気ランキングのように，順序尺度はデータの順序関係を示すが，データの間の差を示すことはできない。例えば，成績順位というのは，成績の高い順に，第1位，第2位，第3位……のように並べることであり，第2位と第3位よりも第1位の方が成績の得点が高いと言えるが，それぞれの間の差まで示すものではない。

●間隔尺度

データの順序関係だけでなく，データの間の間隔（差）を示すために用いられる尺度のことを「間隔尺度」とよぶ。例えば，成績の得点が90点と80点，80点と70点の場合，その間の差はそれぞれ等間隔であると言え，これは間隔尺度に該当する。

●比率尺度

間隔尺度に絶対的な原点（ゼロ）を加えたもののことを「比率尺度」とよぶ。比率尺度はデータの間の倍数関係を示すことができる。例えば，長さや重さは値が0のとき，何もないということを示し，10センチは5センチの2倍，10キロは5キロの2倍であるというように倍数を表すことができる。

5. 独立変数と従属変数

変数間の関連について検討する際に，原因となる変数のことを「独立変数」，結果となる変数のことを「従属変数」とよぶ。独立変数を操作することによって，従属変数が変化する。例えば，母語によって文の自然さの得点が異なるかを明らかにするために，日本語母語話者と日本語非母語話者それぞれ50名を対象に調査を行うとする。ここでは，母語は文法性判断に影響を及ぼす原因であるので，独立変数となる。また，文法性判断の得点は結果であるので，従属変数となる。

6. 代表値と散布度

データ全体の把握や複数のデータの比較を行うため，データ全体を1つの数値で要約する必要がある。データ全体を要約する際には，データの様子を表す「代表値」（平均値，中央値，最頻値（さいひんち）など）と，データの散らばりを表す「散布度」（分散，標準偏差など）という2つの指標が利用される。その中で特によく利用されるのが「平均値」と「標準偏差」である。

●平均値（英訳：mean,「M」で表記される）

個々の測定値（データ）の和を測定値の個数で割った値を「平均値」とよぶ。

$$平均値=\frac{データ1+データ2+データ3+\cdots+データn}{n}$$

※「n」はデータの数。

例　A大学とB大学の学生を対象に，以下の例文の自然さについて，5（自然）～1（不自然）の5件法で回答を求めた。

例文：この程度の文章なら，普段でも書ける。

5自然 - 4やや自然 - 3どちらともいえない - 2やや不自然 - 1不自然

A大学		B大学	
名前	自然さの得点	名前	自然さの得点
佐藤	3	吉田	5
鈴木	4	山田	5
高橋	4	佐々木	4
田中	5	山口	3
伊藤	4	松本	4
渡辺	5	井上	1
山本	3	木村	5
中村	3	林	2
小林	4	斎藤	5
加藤	4	清水	5

得られたデータを用いて平均値を算出する。

$$A大学の平均値（M）=\frac{3+4+4+5+\cdots+3+4+4}{10}=3.90$$

$$B大学の平均値（M）=\frac{5+5+4+3+\cdots+2+5+5}{10}=3.90$$

A大学もB大学もM=3.90であった。しかしながら，A大学の学生の回答は「4やや自然」の周辺に集中しているのに対して，B大学の学生の回答は「5自然」から「1不自然」まで，バラつきが見られた（次ページFigure 1, 2）。平均値だけでは，データの特徴を判断することが難しいので，データの散らばりを表す標準偏差を併せて使用することが多い。

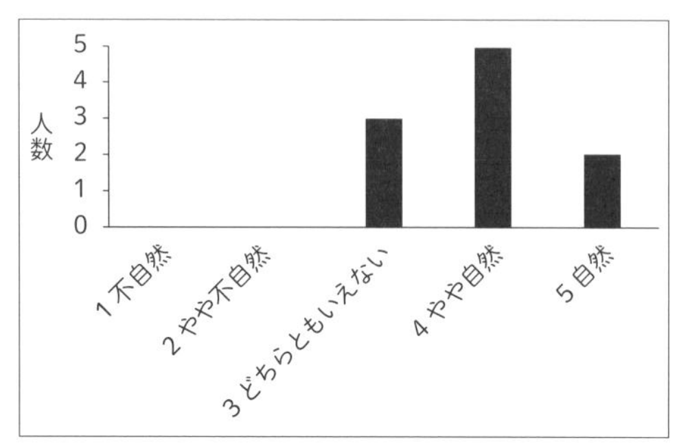

Figure1. A 大学の大学生の文法性判断の結果

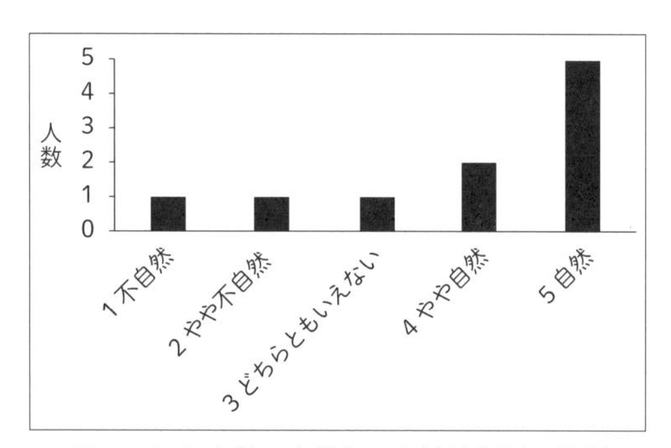

Figure2. B 大学の大学生の文法性判断の結果

●標準偏差（英訳：standard deviation，「*SD*」で表記される）

・偏差：個々の測定値と平均値との差のことを「偏差」とよぶ。

偏差 = 測定値 − 平均値

・分散：偏差の 2 乗を平均したものを「分散」とよぶ。

$$\text{分散} = \frac{(\text{データ 1 の偏差})^2 + (\text{データ 2 の偏差})^2 + (\text{データ 3 の偏差})^2 + \cdots + (\text{データ } n \text{ の偏差})^2}{n}$$

・標準偏差：分散の平方根のことを「標準偏差」とよぶ。

$$\text{標準偏差} = \sqrt{\text{分散}}$$

前述の A 大学と B 大学のデータを用いて，それぞれの標準偏差を算出する。

$$\text{A 大学の標準偏差}(SD)=\sqrt{\frac{(3-3.90)^2+(4-3.90)^2+(4-3.90)^2+\cdots+(4-3.90)^2}{10}}=0.70$$

$$\text{B 大学の標準偏差}(SD)=\sqrt{\frac{(5-3.90)^2+(5-3.90)^2+(4-3.90)^2+\cdots+(5-3.90)^2}{10}}=1.37$$

A 大学は $SD=0.70$，B 大学は $SD=1.37$ であった。以上の結果から，2 つの大学のバラつきの違いが数値で証明された。

※なお，標準偏差の算出は，標本から母集団の標準偏差の推定値を算出するものと，母集団全体から母集団の標準偏差を算出するものの 2 つの方法があり，統計ソフトによって異なることがある。

7．統計的な検定

●母集団と標本

ある政策について世論調査を行い，性別によって意見が異なるかを明らかにする場合を考える。本来は調査対象である全員に対して調査を行う必要があるが，実際に全員の意見を収集することが難しいので，ランダムに一部の人のみを抽出して調査するといった方法などが用いられる。ここでは，調査対象となる全員のことを「母集団」，母集団からランダムに抽出された一部の人のことを「標本（サンプル）」とよぶ。

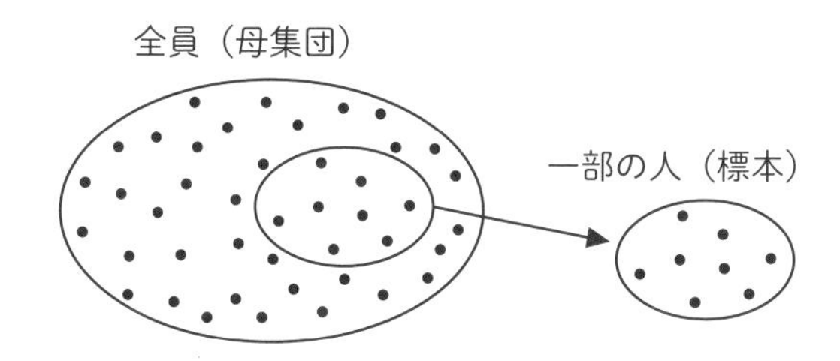

●帰無仮説と対立仮説

男性と女性をランダムにそれぞれ 100 名抽出して調査を行った。その結果，女性よりも男性の方が賛成する人が多かった。今回の調査結果は，偶然に生じた結果ではなく，母集団の特徴を反映したものであるか，それとも，たまたま見られた結果であり，標本を変えると結果も変わるかを確認するために，統計的な検定を行う必要がある。ここで，標本で得られた結果が「偶然に生じたものである」

仮説のことを「帰無仮説」,「偶然に生じたものではない」仮説のことを「対立仮説」とよぶ。

●有意水準

統計的な検定は，母集団からランダムに抽出された標本を用いて分析を行い，その標本の特徴は母集団にも当てはまるかについて「有意水準」を設定して判定する。有意水準は，標本で得られた分析結果は偶然に生じたものではないと判定するための基準であり，通常は，5％水準，1％水準がよく用いられる。10％水準の場合は「有意傾向」とよぶ。実際に収集されたデータを用いて「有意確率（「p」で表記)」を算出する。p 値が事前に設定した有意水準より小さい場合は，「有意である」と言える。一方，p 値が有意水準より大きい場合は，「有意ではない」と言い，「*n.s.*（nonsignificant の略語)」で表記する。p 値（例：$p = .12$）を報告する論文も見られる。

例えば，前述の例では，性別による意見の違いについて統計的な検定を行ったところ，p 値が 0.01（1％）より小さければ，1％水準で有意な差が見られたと言え，「$p < .01$」で表記する。すなわち，「女性よりも男性の方が賛成する人が有意に多かった」という結論が誤りである可能性が1％以下であり，この結論が採用される。

※統計的な検定を行った研究では，有意確率を報告している場合がよく見られる。しかし，有意確率はサンプルサイズに影響されやすいという問題がある。サンプルサイズが大きくなると，p 値が小さくなり，少しの差でも有意と判断される可能性があるため，近年，サンプルサイズに影響されにくい「効果量」を報告することが推奨されている。効果量は変数の効果（例：平均の差）の大きさを示す統計量であり，以下のような複数の種類の指標がある。

参考：代表的な効果量の指標と大きさの目安

検定	代表的な効果量の指標	大きさの目安		
		小	中	大
χ^2 検定	*Cramer's V*	0.10	0.30	0.50
t 検定	d	0.20	0.50	0.80
分散分析	η^2	0.01	0.06	0.14
相関	r	0.10	0.30	0.50

なお本書では，効果量の記述を省略することとする。

8. 自由度

自由度は，自由に値を決めることができるデータの数のことである。「サンプル数－1」によって算出され，「*df*」で表記する。

例えば，3つのデータがあり，その平均値は80であるとする。データaを60，データbを80とすれば，データcは自ずと算出され，つまり自由に決めることができなくなる。よって，自由に値を決めることができるデータの数は2つ（3－1＝2）であり，自由度が2となる。

$$平均値 = \frac{(データ\ a) + (データ\ b) + (データ\ c)}{3}$$

$$80 = \frac{60 + 80 + (データ\ c)}{3}$$

さて，次は統計ソフトの使い方を学びましょう。
本書ではSPSSとjs-STARという，2つのソフトを使います。
基本的な使い方を確認してください。

ソフトの使い方

◉ SPSS の使い方

1. SPSS の起動

● 本テキストでは，Ver. 29 を使用して解説する。SPSS を起動すると，「IBM SPSS Statistics へようこそ」のダイアログ・ボックスが表示される。

- ・**［新規ファイル（N）］**にある**［新規データセット］**をダブルクリックすると，新しいファイルを開くことができる。
- ・**［最近使ったファイル］**で，SPSS ファイルを選択して**［開く］**をクリックすることによって，過去に作成したファイルを開くことができる。
- ・ここでは，**［閉じる］**をクリックして「IBM SPSS Statistics へようこそ」の画面を消す。なお，**［今後，このダイアログを表示しない（D）］**にチェックを入れると，次回から表示されなくなる。

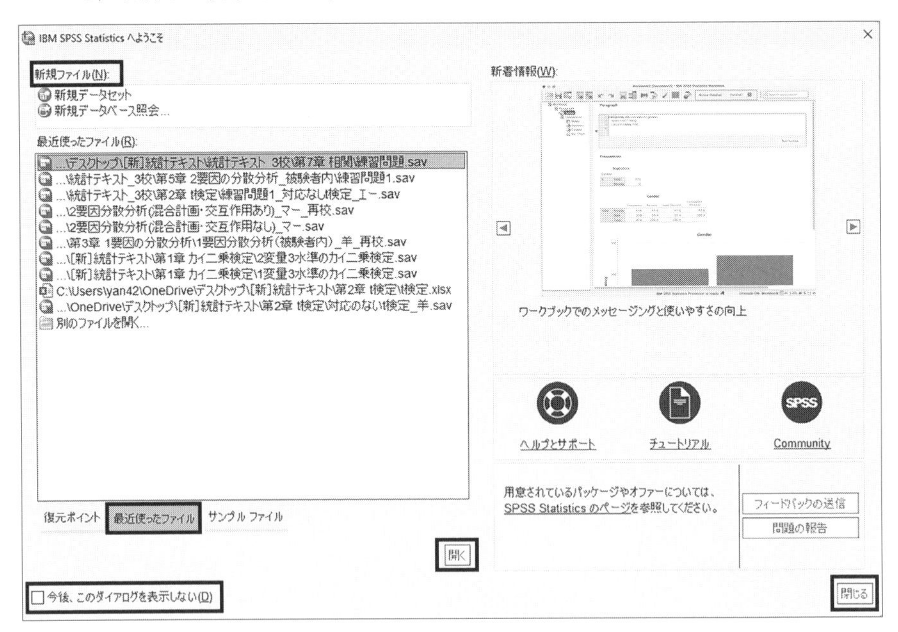

●SPSS 画面には，［**データ ビュー**］画面と［**変数 ビュー**］画面がある。

・［**データ ビュー**］は，分析対象となるデータを入力する画面である。

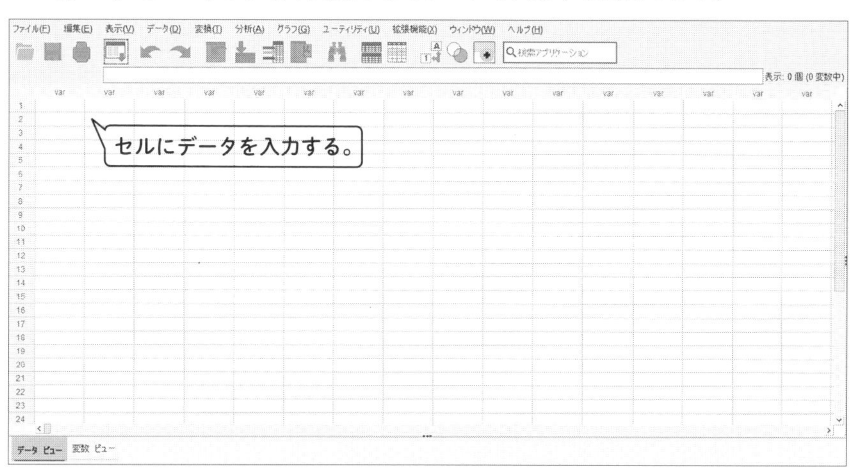

・［**変数 ビュー**］は，各変数の詳細（名前や値，尺度など）を設定する画面である。

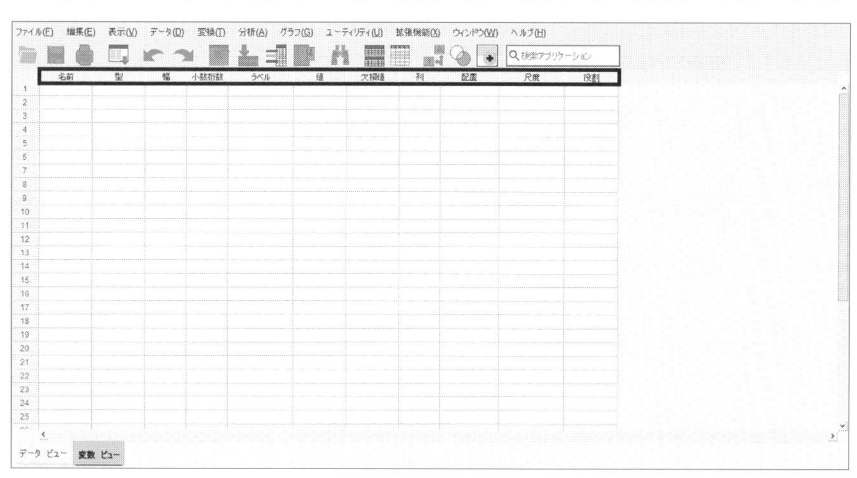

2. データの入力

●前述のように，［**データ ビュー**］画面において，分析対象となるすべてのデータを入力する。

・セルに直接にデータを入力することができる。

・既に他のファイルに保存されているデータをセルに貼り付けることもできる。データをコピーしたうえで，空いているセルで右クリックすると，以下の画面が表示される。**［変数名を含めて貼り付け (A)］**をクリックすると，変数名とデータが貼り付けられる。**［貼り付け (P)］**を使用する場合は，データのみの入力となる。

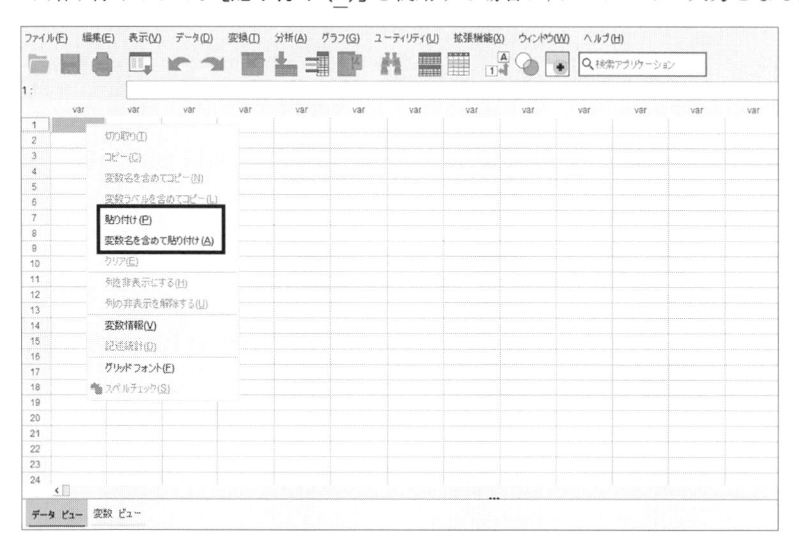

●Excel ファイル等からデータを読み込むことができる。

方法1：**［ファイル (F)］→［開く (O)］→［データ (D)...］**

［データを開く］画面が表示され，分析の対象となるデータ値が保存されているファイルを開く。

・Excelファイルに複数のワークシートが含まれている場合は，分析に使うワークシートを選択する。［OK］をクリックすると，データの読み込みが完了する。

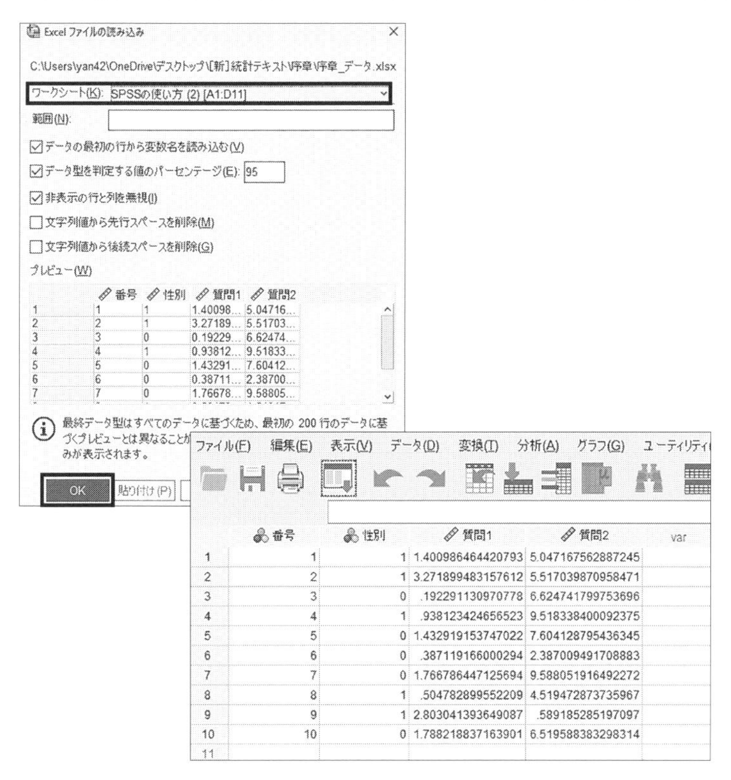

	番号	性別	質問1	質問2
1	1	1	1.40098...	5.04716...
2	2	1	3.27189...	5.51703...
3	3	0	0.19229...	6.62474...
4	4	1	0.93812...	9.51833...
5	5	0	1.43291...	7.60412...
6	6	0	0.38711...	2.38700...
7	7	0	1.76678...	9.58805...

	番号	性別	質問1	質問2	var
1	1	1	1.400986464420793	5.047167562887245	
2	2	1	3.271899483157612	5.517039870958471	
3	3	0	.192291130970778	6.624741799753696	
4	4	1	.938123424656523	9.518338400092375	
5	5	0	1.432919153747022	7.604128795436345	
6	6	0	.387119166000294	2.387009491708883	
7	7	0	1.766786447125694	9.588051916492272	
8	8	1	.504782899552209	4.519472873735967	
9	9	1	2.803041393649087	.589185285197097	
10	10	0	1.788218837163901	6.519588383298314	
11					

方法 2：［ファイル (F)］→［データのインポート (D)］→［Excel(E)...］

方法 1 と同様に，［データを開く］画面が表示される。その後の手順は方法 1 と同様。

3. 各変数の設定

変数の設定方法について，以下のデータを用いて解説する。「2. データの入力」に従って，以下のデータを入力してください。

番号	性別	質問 1	質問 2
1	1	1.40	5.05
2	1	3.27	5.52
3	0	0.19	6.62
4	1	0.94	9.52
5	0	1.43	7.60
6	0	0.39	2.39
7	0	1.77	9.59
8	1	0.50	4.52
9	1	2.80	0.59
10	0	1.79	6.52

注）性別について，男性を 1，女性を 0 とする。

● ［変数 ビュー］を開き，各変数の設定を行う。

・［名前］：各変数の名前を設定する。

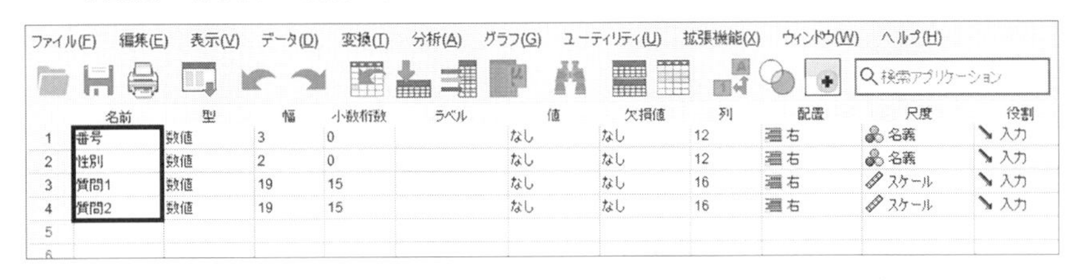

・［型］：変数の型を設定する。適切な変数の型にチェックを入れ，［OK］をクリックする。ここでは，すべてのデータは数字であるため，変更せず［数値］のままにする。

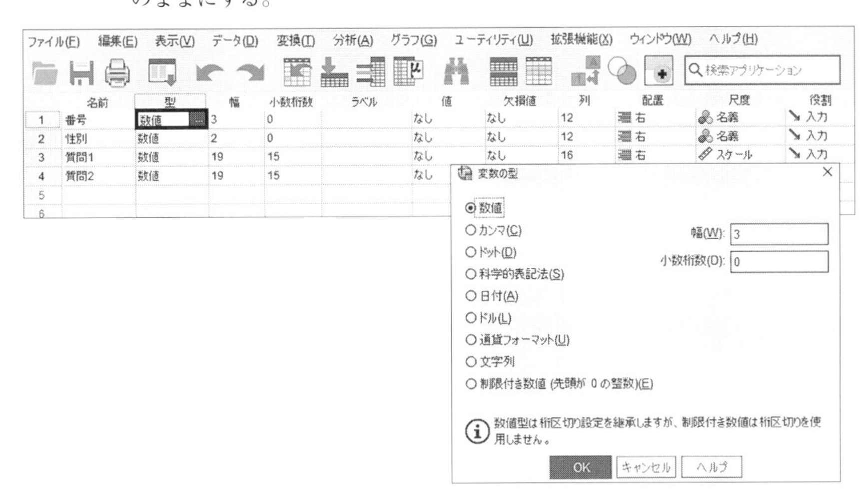

・［幅］：データ値の幅を設定する。幅は，データ値の整数部分と小数点，小数部分の桁数との合計からなる。例えば，データが「11.2233」であれば，幅は7（整数部分（2）＋小数点（1）＋小数部分（4））となる。

・［小数桁数］：小数部分を何桁まで表示するかを設定する。データが整数である場合は，小数桁数が0となる。

・ここでは，番号と性別の小数桁数を0，幅を2とする。質問1と質問2の小数桁数を2，幅を4とする。

ファイル(F)　編集(E)　表示(V)　データ(D)　変換(T)　分析(A)　グラフ(G)　ユーティリティ(U)　拡張機能(X)　ウィンドウ(W)　ヘルプ(H)　検索アプリケーション

	名前	型	幅	小数桁数	ラベル	値	欠損値	列	配置	尺度	役割
1	番号	数値	2	0		なし	なし	12	右	名義	入力
2	性別	数値	2	0		なし	なし	12	右	名義	入力
3	質問1	数値	4	2		なし	なし	16	右	スケール	入力
4	質問2	数値	4	2		なし	なし	16	右	スケール	入力
5											

・**［ラベル］**：各変数の内容に関する説明を付ける。ラベルを付けることによって，グラフ等の出力において変数名ではなく，変数の内容が表示されるので，変数に関する情報をよりわかりやすく把握することができる。ここでは，質問1のラベルに「例文Aの得点」，質問2のラベルに「例文Bの得点」と入力したうえで，平均値と標準偏差を求めてみる。

ファイル(F)　編集(E)　表示(V)　データ(D)　変換(T)　分析(A)　グラフ(G)　ユーティリティ(U)　拡張機能(X)　ウィンドウ(W)　ヘルプ(H)　検索アプリケーション

	名前	型	幅	小数桁数	ラベル	値	欠損値	列	配置	尺度	役割
1	番号	数値	2	0		なし	なし	12	右	名義	入力
2	性別	数値	2	0		なし	なし	12	右	名義	入力
3	質問1	数値	4	2	例文Aの得点	なし	なし	16	右	スケール	入力
4	質問2	数値	4	2	例文Bの得点	なし	なし	16	右	スケール	入力
5											
6											

変数にラベルを付けない場合は変数の名前が表示される。

記述統計量

	度数	平均値	標準偏差
質問1	10	1.4486	1.01294
質問2	10	5.7915	2.86192
有効なケースの数 (リストごと)	10		

変数にラベルを付ける場合は変数の内容が表示される。

記述統計量

	度数	平均値	標準偏差
例文Aの得点	10	1.4486	1.01294
例文Bの得点	10	5.7915	2.86192
有効なケースの数 (リストごと)	10		

・**［値］**：名義尺度である変数のそれぞれの値の定義を設定する。ここでは，性別について，男性を1，女性を0とする。右側にある［…］をクリックすると，**［値ラベル］**の画面が表示される。まず，［+］をクリックして，値のラベルを入力する欄を増やす。**［値（U）］**に「1」，**［ラベル（L）］**に「男性」を入力する。次に，［+］を用いて入力欄を増やした上で，**［値（U）］**に「0」，**［ラベル（L）］**に「女性」を入力する。最後に，［OK］をクリックする。

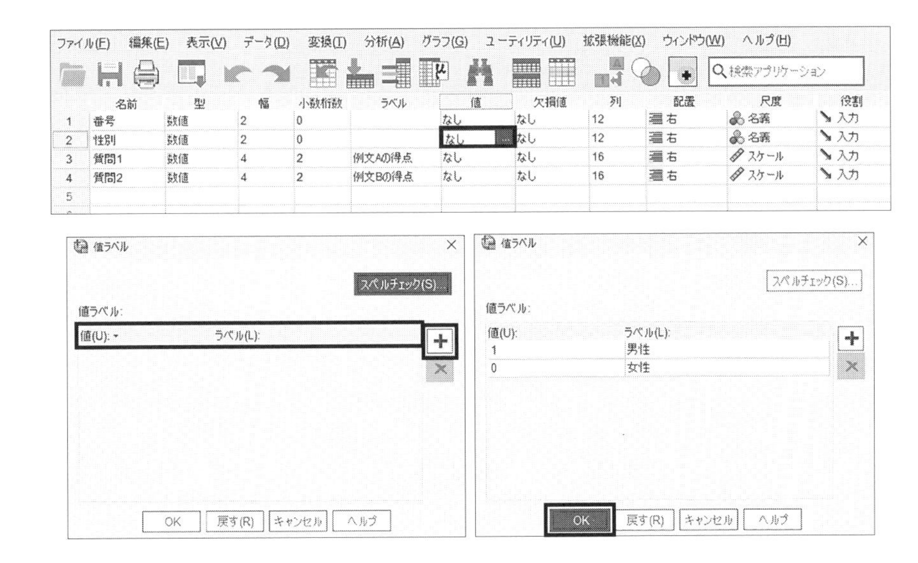

	名前	型	幅	小数桁数	ラベル	値	欠損値	列	配置	尺度	役割
1	番号	数値	2	0		なし	なし	12	右	名義	入力
2	性別	数値	2	0		なし	なし	12	右	名義	入力
3	質問1	数値	4	2	例文Aの得点	なし	なし	16	右	スケール	入力
4	質問2	数値	4	2	例文Bの得点	なし	なし	16	右	スケール	入力
5											

・［列］：列の幅を設定する。小数桁数に合わせて見やすいように設定する。ここでは，すべての変数の列の幅を「8」に設定する。

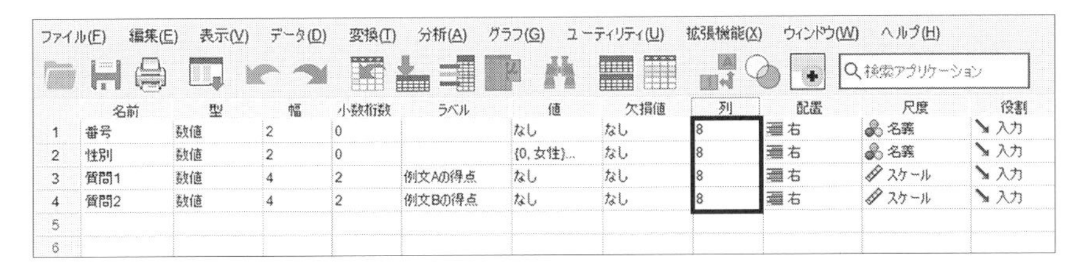

	名前	型	幅	小数桁数	ラベル	値	欠損値	列	配置	尺度	役割
1	番号	数値	2	0		なし	なし	8	右	名義	入力
2	性別	数値	2	0		{0, 女性}...	なし	8	右	名義	入力
3	質問1	数値	4	2	例文Aの得点	なし	なし	8	右	スケール	入力
4	質問2	数値	4	2	例文Bの得点	なし	なし	8	右	スケール	入力
5											
6											

・［配置］：データ値の配置を設定する。左，右，中央という3種類から選ぶことができる。ここでは，すべての変数の配置を「中央」に設定する。

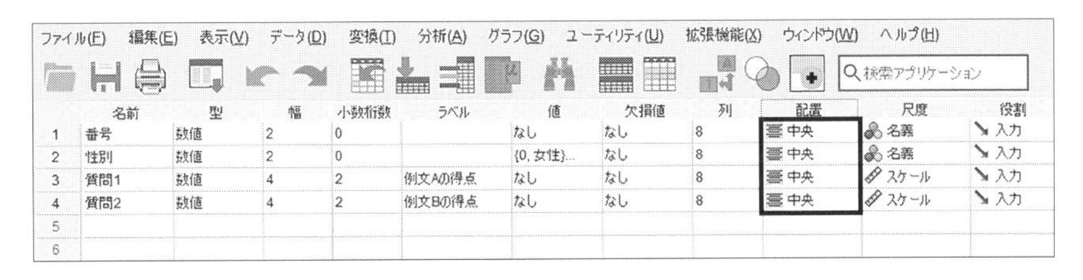

	名前	型	幅	小数桁数	ラベル	値	欠損値	列	配置	尺度	役割
1	番号	数値	2	0		なし	なし	8	中央	名義	入力
2	性別	数値	2	0		{0, 女性}...	なし	8	中央	名義	入力
3	質問1	数値	4	2	例文Aの得点	なし	なし	8	中央	スケール	入力
4	質問2	数値	4	2	例文Bの得点	なし	なし	8	中央	スケール	入力
5											
6											

・［**尺度**］：変数の尺度水準を設定する。尺度水準は名義尺度，順序尺度，間隔尺度，比率尺度からなる。［**名義**］は名義尺度，［**順序**］は順序尺度，［**スケール**］は間隔尺度と比率尺度に該当する。ここでは，番号と性別を［**名義**］，質面 1 と質問 2 を［**スケール**］と設定する。

ファイル(F)　編集(E)　表示(V)　データ(D)　変換(T)　分析(A)　グラフ(G)　ユーティリティ(U)　拡張機能(X)　ウィンドウ(W)　ヘルプ(H)

	名前	型	幅	小数桁数	ラベル	値	欠損値	列	配置	尺度	役割
1	番号	数値	2	0		なし	なし	8	中央	名義	入力
2	性別	数値	2	0		{0, 女性}...	なし	8	中央	名義	入力
3	質問1	数値	4	2	例文Aの得点	なし	なし	8	中央	スケール	入力
4	質問2	数値	4	2	例文Bの得点	なし	なし	8	中央	スケール	入力
5											
6											

※なお，［**欠損値**］と［**役割**］の設定項目は本書では使用しないので省略する。

4. SPSS の終了

●SPSS は，［**データ エディタ**］，［**シンタックス エディタ**］，［**出力 ビューア**］という 3 つの画面からなる。SPSS を終了する際には，3 つの画面をそれぞれ保存する必要がある（［**ファイル（F）**］→［**名前を付けて保存（A）**］）。

・［**データ エディタ**］：前述のように，［**データ ビュー**］と［**変数 ビュー**］という 2 つの画面からなる。

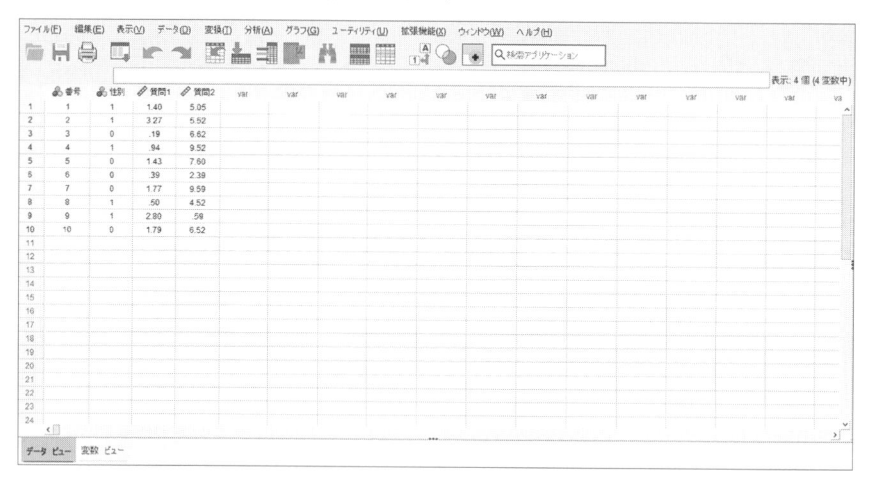

	番号	性別	質問1	質問2
1	1	1	1.40	5.05
2	2	1	3.27	5.52
3	3	0	.19	6.62
4	4	1	.94	9.52
5	5	0	1.43	7.60
6	6	0	.39	2.39
7	7	0	1.77	9.59
8	8	1	.50	4.52
9	9	1	2.80	.59
10	10	0	1.79	6.52

・［**シンタックス エディタ**］：SPSS のコマンドを編集する画面である。

［ファイル（F）］→［新規作成（N）］→［シンタックス（S）］

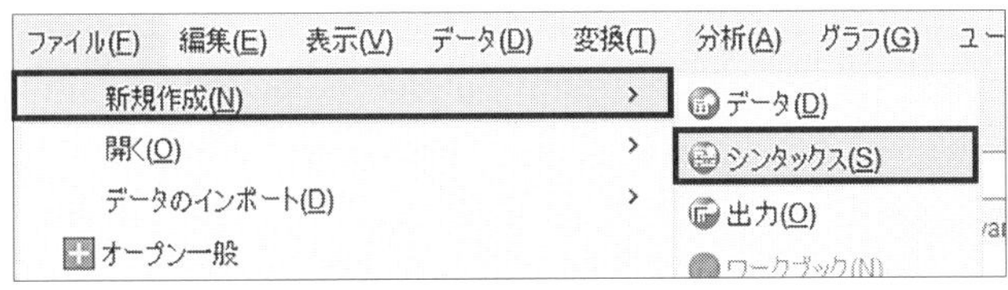

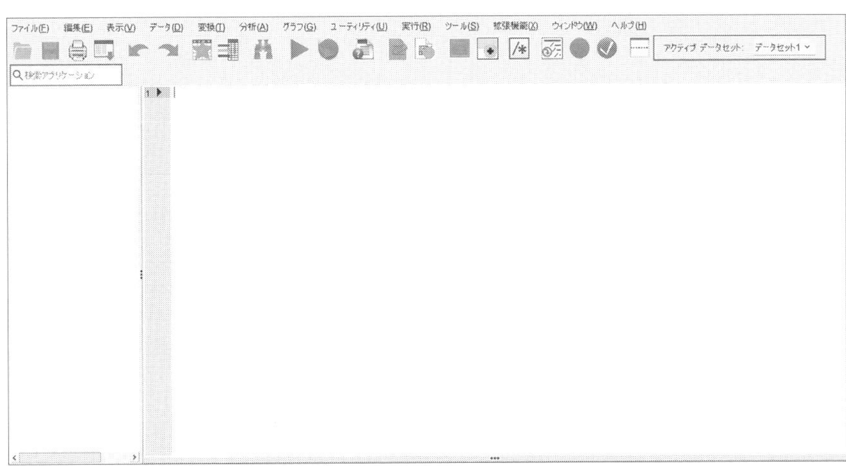

※本書では，［**シンタックス エディタ**］は使用しない。

・［**出力 ビューア**］：分析の結果を出力する画面である。例えば，質問 1 と質問 2 について平均値と標準偏差を求めた結果は以下のように表示される。

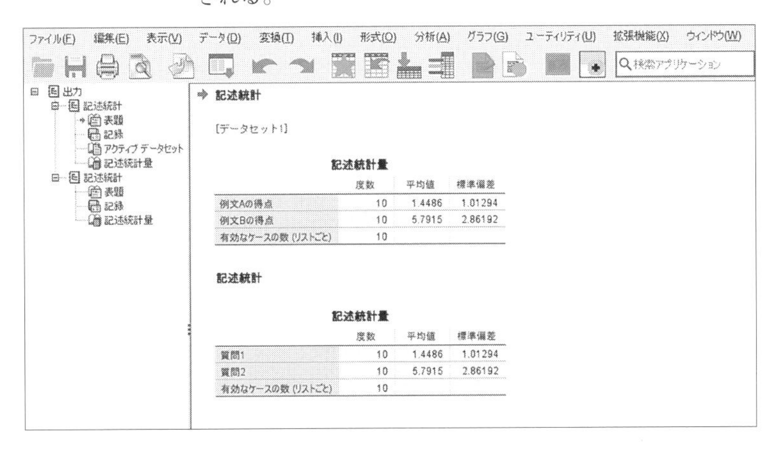

記述統計

[データセット1]

記述統計量

	度数	平均値	標準偏差
例文Aの得点	10	1.4486	1.01294
例文Bの得点	10	5.7915	2.86192
有効なケースの数 (リストごと)	10		

記述統計

記述統計量

	度数	平均値	標準偏差
質問1	10	1.4486	1.01294
質問2	10	5.7915	2.86192
有効なケースの数 (リストごと)	10		

◉ js-STAR の使い方

1．js-STAR の起動

●js-STAR をオンラインで使用する。下記の js-STAR の TOP ページを開く。

https://www.kisnet.or.jp/nappa/software/star/

・左側のエリアは「js-STAR メニュー」とよばれ，様々な分析ツールが表示されている。

・中央のエリアでは，js-STAR に関する最新情報が掲示されている。本テキストでは，XR+ 版をオンラインで使用して解説する。

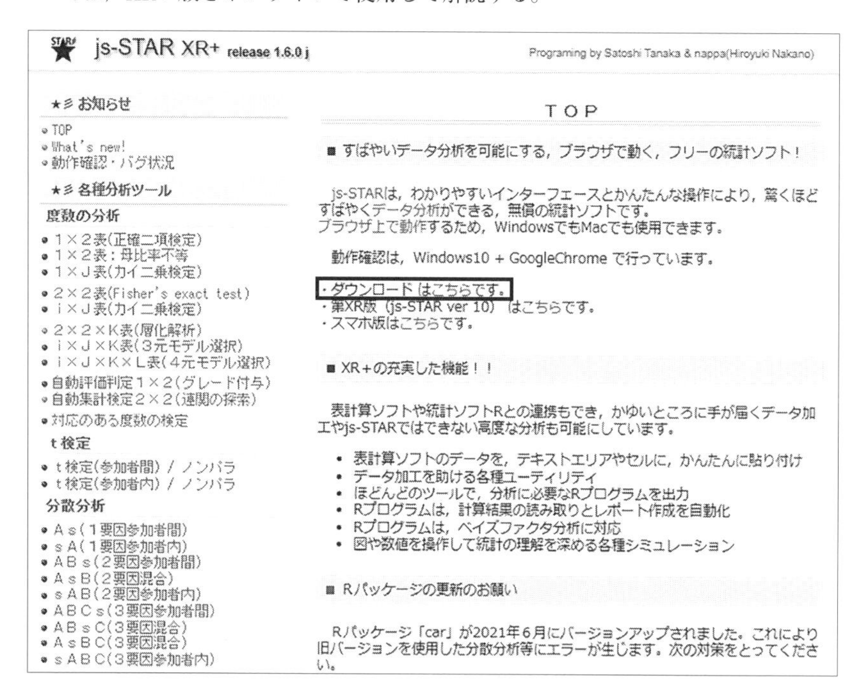

●js-STAR をオフラインで使用する場合，js-STAR の TOP ページからダウンロードをすれば，インターネットに接続していない環境でも利用できる。

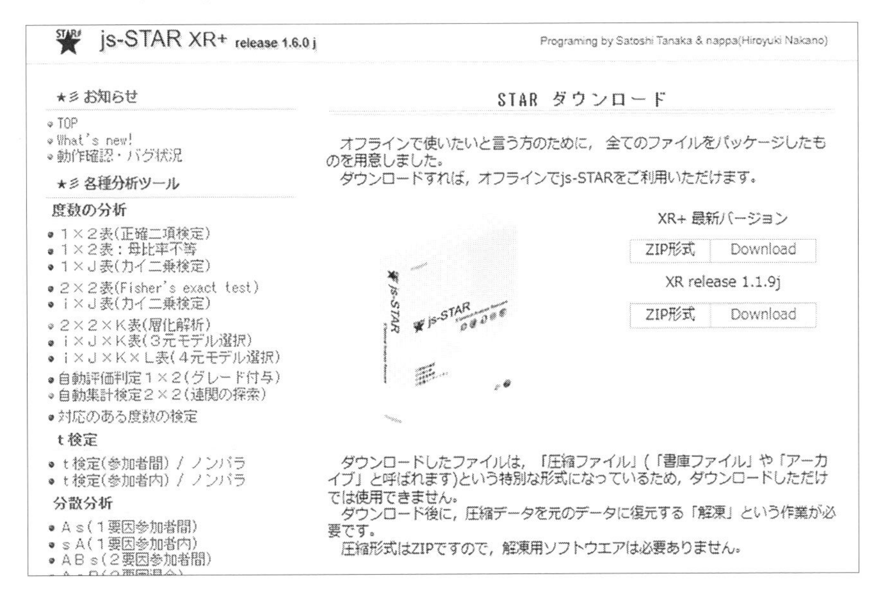

2. データの入力

●データの入力方法について，以下の例を用いて解説する。

例　大学生 20 名に，ある文の自然さについて判断してもらった。その結果，15 名が自然，5 名が不自然と答えた。

正確二項検定で分析してみましょう。

・**[1 × 2 表（正確二項検定）]** をクリックすると，以下の画面が表示される。「データ」，「結果」，「R プログラム」という 3 つから構成される。データの「メイン」画面において，分析対象となるデータの入力や分析の設定を行う。

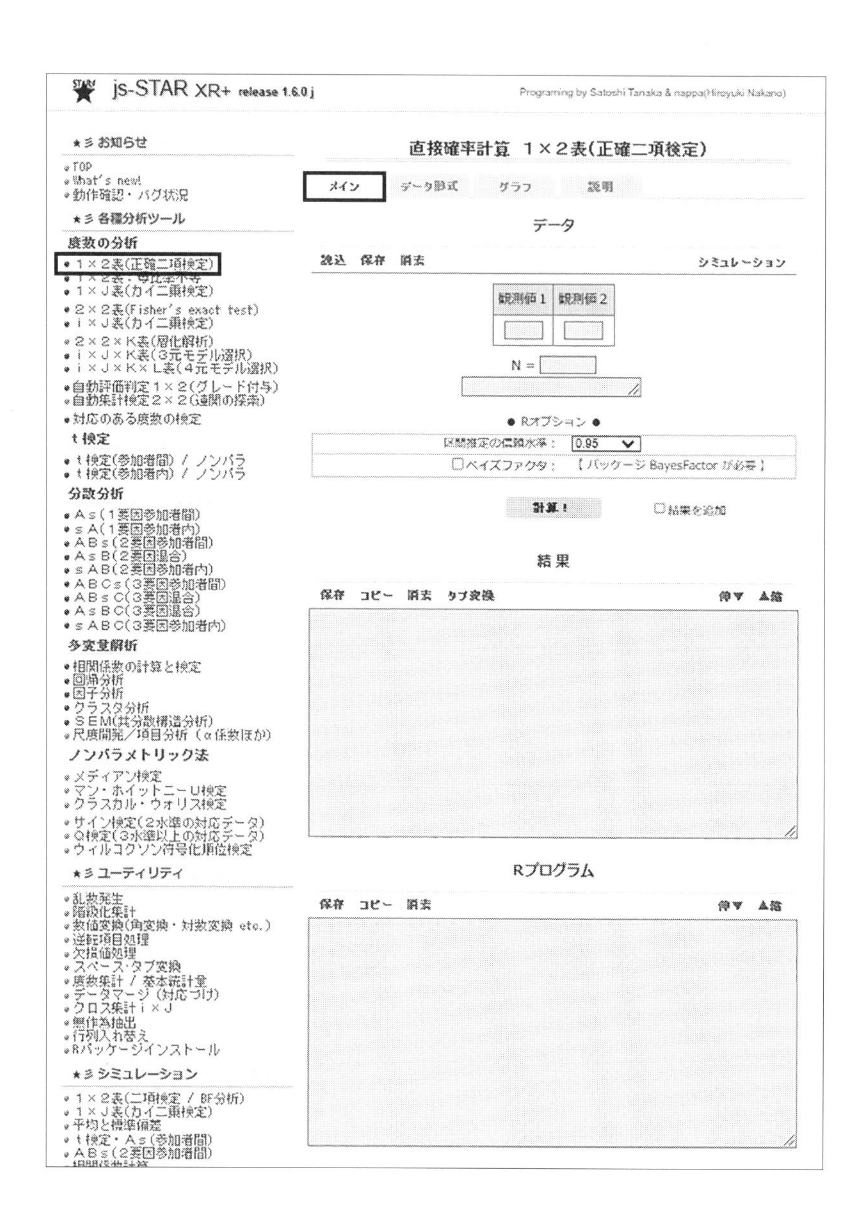
js-STAR XR+ release 1.6.0 j
Programing by Satoshi Tanaka & nappa(Hiroyuki Nakano)
★彡 お知らせ
TOP
What's new!
動作確認・バグ状況
★彡 各種分析ツール
度数の分析
1×2表(正確二項検定)
1×J表(カイ二乗検定)
2×2表(Fisher's exact test)
i×J表(カイ二乗検定)
2×2×K表(層化解析)
i×J×K表(3元モデル選択)
i×J×K×L表(4元モデル選択)
自動評価判定1×2(グレード付与)
自動集計検定2×2(連関の探索)
対応のある度数の検定
t検定
t検定(参加者間) / ノンパラ
t検定(参加者内) / ノンパラ
分散分析
As(1要因参加者間)
sA(1要因参加者内)
ABs(2要因参加者間)
AsB(2要因混合)
sAB(2要因参加者内)
ABCs(3要因参加者間)
ABsC(3要因混合)
AsBC(3要因混合)
sABC(3要因参加者内)
多変量解析
相関係数の計算と検定
回帰分析
因子分析
クラスタ分析
SEM(共分散構造分析)
尺度開発/項目分析(α係数ほか)
ノンパラメトリック法
メディアン検定
マン・ホイットニーU検定
クラスカル・ウォリス検定
サイン検定(2水準の対応データ)
Q検定(3水準以上の対応データ)
ウィルコクソン符号化順位検定
★彡 ユーティリティ
乱数発生
階級化集計
数値変換(角変換・対数変換 etc.)
逆転項目処理
欠損値処理
スペース・タブ変換
度数集計 / 基本統計量
データマージ(対応づけ)
クロス集計 i×J
無作為抽出
行列入れ替え
Rパッケージインストール
★彡 シミュレーション
1×2表(二項検定 / BF分析)
1×J表(カイ二乗検定)
平均と標準偏差
t検定・As(参加者間)
ABs(2要因参加者間)
直接確率計算 1×2表(正確二項検定)
メイン
データ形式
グラフ
説明
データ
読込 保存 消去
シミュレーション
観測値1
観測値2
N =
● Rオプション ●
区間推定の信頼水準： 0.95
ベイズファクタ： 【パッケージ BayesFactor が必要】
計算！
結果を追加
結果
保存 コピー 消去 タブ変換
伸▼ ▲縮
Rプログラム
保存 コピー 消去
伸▼ ▲縮

・「データ形式」においては，データの入力方法が提示されている。

・ここでは，観測値1に「15」，観測値2に「5」を入力して，**［計算！］**をクリックして分析してみましょう。

直接確率計算　1×2表(正確二項検定)

メイン　データ形式　グラフ　説明

データ

読込　保存　消去　シミュレーション

観測値1	観測値2
15	5

N = 20

● Rオプション ●

区間推定の信頼水準： 0.95

□ベイズファクタ：【パッケージ BayesFactor が必要】

計算！　□結果を追加

3. js-STARの終了

● ［**保存**］をクリックすると，分析結果がテキスト形式で保存される。また，［**コピー**］を使用することによって，分析結果を他のファイルに貼り付けることもできる。

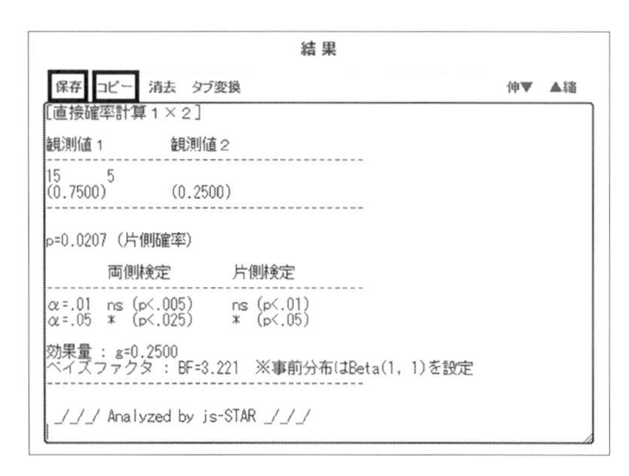

●Rプログラムが表示される。必要に応じてRプログラムを保存・コピーすることができる。

※本書ではRプログラムは使用しない。

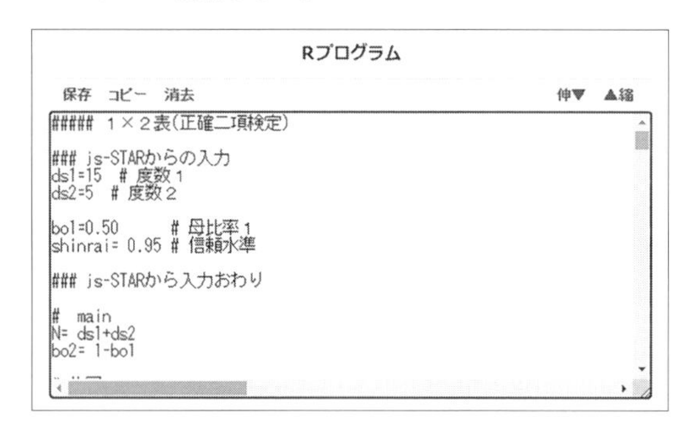

しっかり学習できましたか？
さて，次からは，実際の研究課題を解決するための統計分析の方法を学んでいきましょう。

第1章

χ^2検定

質的データの違いを検定しよう

エン先生からの
事前講義

χ^2 検定（カイ二乗検定）は，名義尺度から得られた**質的データの違い**を検定する際に用いられる方法です。例えば，人数や個数，パーセントなどのような質的データにおいて，**2つ以上のカテゴリー（水準）の間に統計的に有意な差があるか**を検討するために，χ^2 検定がよく用いられます。本章では，**1変量の χ^2 検定**と**2変量の χ^2 検定**について解説します。

1変量の χ^2 検定

変数（要因）が1つであり，2つ以上のカテゴリー（水準）がある場合は，1変量の χ^2 検定となります。

例 あるスーパーでソーセージの試食会が行われており，4種類のソーセージから最もおいしいと思うものを1つ選んでもらった。ここでは，ソーセージが4種類あるので，1要因4水準となる。
試食の結果，商品Aを選んだ人は35名，商品Bは12名，商品Cは15名，商品Dは18名であった。

このように，調査で実際に得られた値のことを「**観測度数**」と言います。

ソーセージの種類	商品A	商品B	商品C	商品D
回答者数	35	12	15	18

帰無仮説を前提とすれば，すべての種類のソーセージのおいしさは等しく，各カテゴリーの人数には偏りがありません。この場合，試食に参加した80名の顧客は，各カテゴリーに20名ずついることになります。このように，帰無仮説をもとに算出された値を「**期待度数**」と言います。今回の場合の期待度

数は「20」です。

ソーセージの種類	商品 A	商品 B	商品 C	商品 D
回答者数	20	20	20	20

χ^2 値は，すべてのカテゴリーの観測度数と期待度数の差の二乗を期待度数で割ったものの合計によって算出されます。観測度数と期待度数の間の差が大きければ大きいほど，χ^2 値が大きくなります。一方，観測度数と期待度数が完全に一致すれば，χ^2 値は 0 になります。

$$\chi^2 = \frac{(O_a - E_a)^2}{E_a} + \frac{(O_b - E_b)^2}{E_b} + \frac{(O_c - E_c)^2}{E_c} + \frac{(O_d - E_d)^2}{E_d}$$

$$= \frac{(35-20)^2}{20} + \frac{(12-20)^2}{20} + \frac{(15-20)^2}{20} + \frac{(18-20)^2}{20}$$

$$= 15.90$$

注）O は観測度数，E は期待度数を表す。

χ^2 検定は，自由度によって決められる χ^2 分布に従います。この分布を示した「χ^2 分布表」というものがあり，以下では自由度が 1 〜 5 までのみの χ^2 分布表を示します。

自由度（記号：df）は（カテゴリー数 − 1）によって算出されます。ここでは $df = (4-1) = 3$ です。また，χ^2 値は 15.90 であり，$11.34 < 15.90 < 16.27$ であるので，$p < .01$ でした。以上の結果から，1% 水準で有意な偏りが見られました。

自由度 (df)	有位確率（p）			
	0.1	0.05	0.01	0.001
1	2.71	3.84	6.63	10.83
2	4.61	5.99	9.21	13.82
3	6.25	7.81	11.34	16.27
4	7.78	9.49	13.28	18.47
5	9.24	11.07	15.09	20.52

なお，ここまでで1変量のχ^2検定の説明は終了しますが，カテゴリー数が3つ以上あるときに有意な差が得られた場合は，どのカテゴリーとどのカテゴリーの間に有意な差が見られたかを明らかにするために，多重比較を行う必要があります。

2変量のχ^2検定

変数が2つあり，各変数に2つ以上のカテゴリー（水準）がある場合は，2変量のχ^2検定を行います。

例 前述のソーセージの試食会において評価が高かった2種類のソーセージに注目して，顧客の年齢によって商品への評価が異なるかを検討する。60代の顧客と20代の顧客のそれぞれ50名に試食してもらった。ここでは，「ソーセージの種類」と「年齢」という2つの要因があり，各要因において2つの水準（ソーセージの種類：商品Aと商品D，年齢：60代と20代）がある。
試食の結果，60代の顧客の場合は商品Aを選んだ人が多く，20代の顧客の場合は商品Dを選んだ人が多かった。

1変量のχ^2検定と同様に，帰無仮説をもとに各カテゴリーの期待度数を算出する必要があります。期待度数は，「**周辺度数**」の比率をもとに算出されます。周辺度数は，各カテゴリーの合計のことです。今回の場合の周辺度数は以下のように算出されます。

・周辺度数（60代の顧客）= 40 + 10 = 50　・周辺度数（20代の顧客）= 20 + 30 = 50
・周辺度数（商品A）= 40 + 20 = 60　・周辺度数（商品D）= 10 + 30 = 40

ソーセージの種類 / 顧客の年齢	商品A	商品D	合計
60代の顧客	40	10	50
20代の顧客	20	30	50
合計	60	40	100

周辺度数（合計列）
周辺度数（合計行）

まず，60代の顧客と20代の顧客の周辺度数の比率は50：50であるので，期待度数（E）はE_{a1}：E_{a2}＝E_{d1}：E_{d2} = 50：50となります。次に，2種類のソーセージの周辺度数の比率は60：40であるので，期待度数はE_{a1}：E_{d1} = E_{a2}：E_{d2} = 60：40となります。

$$E_{a1} = \frac{50}{100} \times 60 = 30 \qquad E_{a2} = \frac{50}{100} \times 60 = 30$$

$$E_{d1} = \frac{50}{100} \times 40 = 20 \qquad E_{d2} = \frac{50}{100} \times 40 = 20$$

ソーセージの種類 / 顧客の年齢	商品A	商品D	合計
60代の顧客	E_{a1}	E_{d1}	50
20代の顧客	E_{a2}	E_{d2}	50
合計	60	40	100

1変量のχ^2検定と同様に，χ^2値を算出してみましょう。

$$\chi^2 = \frac{(O_{a1} - E_{a1})^2}{E_{a1}} + \frac{(O_{a2} - E_{a2})^2}{E_{a2}} + \frac{(O_{d1} - E_{d1})^2}{E_{d1}} + \frac{(O_{d2} - E_{d2})^2}{E_{d2}}$$

$$= \frac{(40-30)^2}{30} + \frac{(20-30)^2}{30} + \frac{(10-20)^2}{20} + \frac{(30-20)^2}{20}$$

$$= 16.67$$

注）Oは観測度数，Eは期待度数を表す。

自由度は$df = (2-1) \times (2-1) = 1$です。また，$\chi^2$値は16.67であり，$\chi^2$分布表を確認すると，$10.83 < 16.67$であるので，$p < .001$でした。以上の結果から，1%水準で有意な偏りが見られました。

なお，ここまでで2変量のχ^2検定の説明を終了しますが，どのセルの観測度数が期待度数より有意な偏りがあったかを確認するために，残差分析を行う必要があります。また，1変量のχ^2検定と同様に，カテゴリー数が3つ以上あるときに有意な差が得られた場合は，多重比較を行う必要があります。

※「事前講義」では，考え方や用語の説明のためχ^2値を手計算で求めましたが，以下では統計ソフトを使用して求めます。

1.1 1変量のχ^2検定

研究課題

- ☑ 例文の丁寧さの判断調査の結果に，有意な差があるか検定する。
- ☑ 1つのグループの対象者に調査する。

先生，以下の3つの例文の丁寧さについて調査したくて，日本語母語話者80名に対して，どの例文が最も失礼だと思うかを尋ねてみました。

例文A：先生，すみませんが，サインをお願いできないんでしょうか。
例文B：先生，すみませんが，サインをお願いしたいんですが。
例文C：先生，すみませんが，サインをお願いできないですか。

そうですか。その結果は？

80名の調査協力者のうち，例文Aが最も失礼だと答えた人は57名，例文Bと答えた人は14名，例文Cと答えた人は9名でした。例文Bと例文Cよりも，例文Aの方が失礼だと思う人は圧倒的に多かったですね！

それで，何を明らかにしたいのですか？

例文 A が失礼だと答えた人が最も多かったのは，たまたまに得られた調査結果ではなく，本当に多くの人が例文 A が最も失礼だと感じていることを示したいです。

なるほど。今回の変数は「例文の種類」であり，1 つの変数しかないので，<u>**1 変量の χ^2 検定**</u>を用います。では，例文 A の回答者が有意に多いかを検定してみましょう。

課題 1

前述の 3 つの例文（例文 A，例文 B，例文 C）の丁寧さについて，日本語母語話者 80 名に対して調査を行った。「次の例文の中から，最も失礼だと思うものを 1 つ選んでください」と指示し，回答を求めた。各例文の回答者数を集計した結果，例文 A と回答した人は 57 名，例文 B は 14 名，例文 C は 9 名であった。例文 B と例文 C よりも，例文 A と回答した人の方が統計的に有意に多いかについて，検討しなさい。

番号	回答
1	1
2	1
3	3
4	1
5	2

番号	回答
6	2
7	1
8	1
9	1
10	2
⋮	⋮
78	2
79	1
80	2

注）「回答」について，例文Aを1，例文Bを2，例文Cを3とする。

例文	例文A	例文B	例文C
回答者数	57	14	9

SPSSによる1変量のχ^2検定の方法

1． SPSSを起動し，Excelファイルからデータ（課題1の上の表）を読み込む。データが読み込まれると，以下のような画面が表示される。

ファイル(F)　編集(E)　表示(V)　データ(D)　変換(T

	番号	回答	var	var
1	1.00	1.00		
2	2.00	1.00		
3	3.00	3.00		
4	4.00	1.00		
5	5.00	2.00		
6	6.00	2.00		
7	7.00	1.00		
8	8.00	1.00		
9	9.00	1.00		
10	10.00	2.00		
11	11.00	1.00		

2．［**変数ビュー**］を開き，各変数の［**値**］と［**尺度**］を設定する。

・**値**：回答について，例文Aを「1」，例文Bを「2」，例文Cを「3」とする。

・**尺度**：すべての変数の尺度水準を「名義」とする。

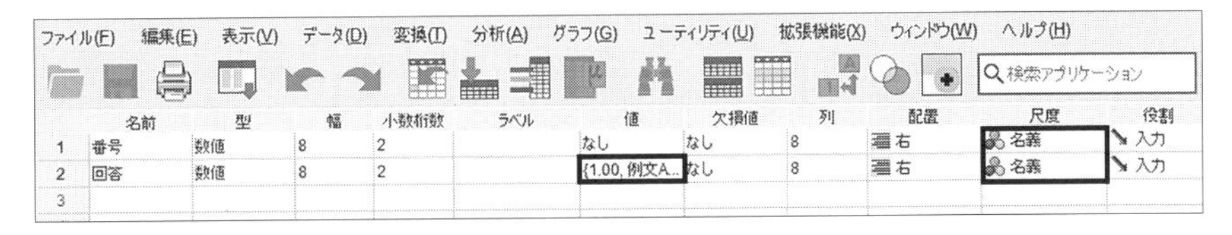

3．1変量の χ^2 検定を実行する。

(1)［**分析（A）**］→［**ノンパラメトリック検定（N）**］→［**過去のダイアログ（L）**］→［**カイ 2 乗（C）...**］

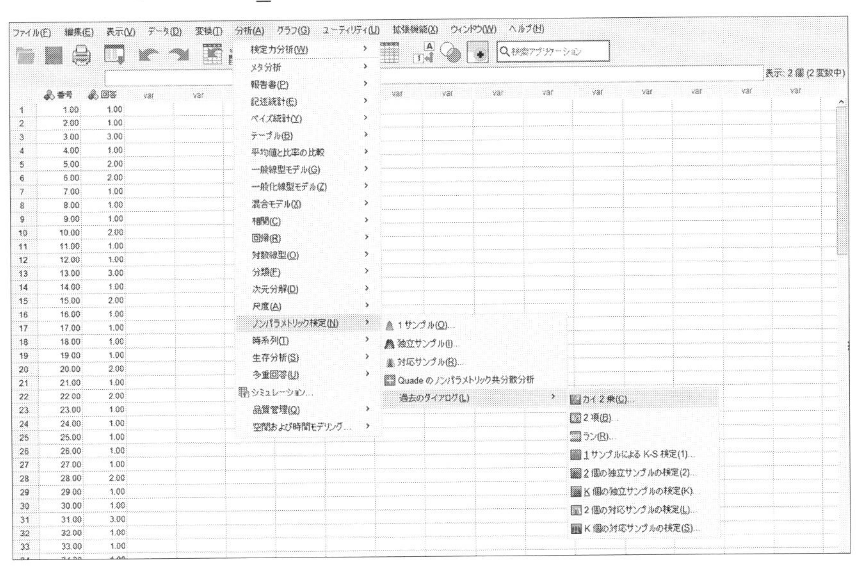

(2) 分析対象となる変数を選択して，画面の中央にある矢印をクリックすれば，変数を［**検定変数リスト（T）**］に移動させることができる。ここでは，「回答」を［**検定変数リスト（T）**］に移動させて，［**OK**］をクリックする。

↓

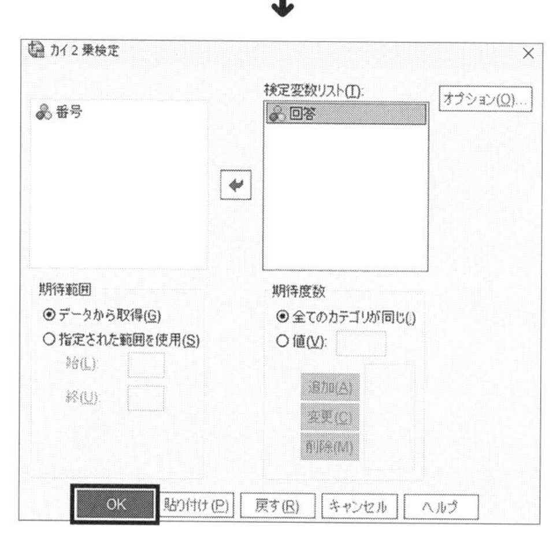

結果の見方

●各水準の記述統計量：

・例文 A の観測度数は 57，例文 B は 14，例文 C は 9 であった。

・課題 1 では，「例文 A，例文 B，例文 C の丁寧さが等しく，3 つの例文に対する回答者数の間の差は偶然に生じたものである」という帰無仮説を立てることができる。帰無仮説が成立する場合は，3 つの例文の回答者数には偏りがないので，3 つの例文の期待度数はいずれも「80/3=26.7（全体の 33.3%）」となる。

・残差は，観測度数と期待度数との間の差のことであり，(観測度数－期待度数)によって算出される。

回答

	観測度数 N	期待度数 N	残差
例文A	57	26.7	30.3
例文B	14	26.7	-12.7
例文C	9	26.7	-17.7
合計	80		

● χ^2 検定の結果：

有意確率は <.001 なので，1 %水準で有意であった。

$$\chi^2(2) = 52.23,\ p < .01$$

自由度（2） χ^2値（52.23） 有意確率（$p < .01$）

検定統計量

	回答
カイ 2 乗	52.225[a]
自由度	2
漸近有意確率	<.001

a. 0 セル (0.0%) の期待度数は 5 以下です。必要なセルの度数の最小値は 26.7 です。

多重比較の検討

SPSS では，3 つの例文の多重比較の結果が出力されない。多重比較を行うために，2 つの例文（例文 A と例文 B，例文 A と例文 C，例文 B と例文 C）の対比較を 3 回行う必要がある。

1．対比較を行うために，2 つのカテゴリーのデータからなる列を作成する。例えば，例文 A と例文 B のデータのみの列を作成する。

(1) ［データ (D)］→［ケースの選択 (S)...］

(2) ［IF 条件が満たされるケース (C)］にチェックを入れ，［IF (I)...］をクリックする。

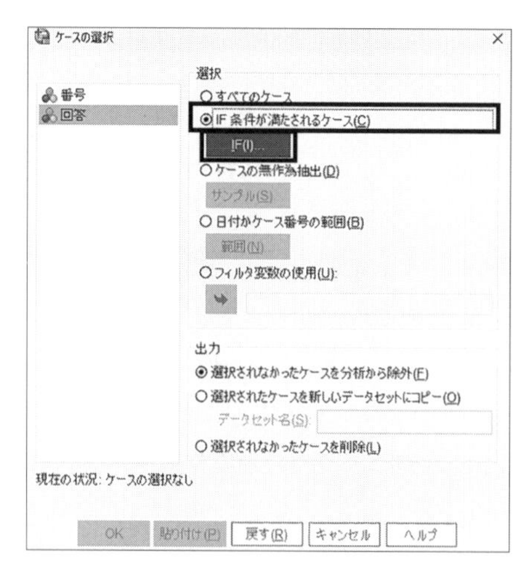

(3)「回答」を選択して，画面の中央にある矢印を用いて，右側の枠に移動させる。画面の中央にある演算式を使って条件の定義を行う。ここでは，例文 A と例文 B のデータのみからなる列を作成したいので，「回答 < 3」を入力し，**［続行］**をクリックする。

↓

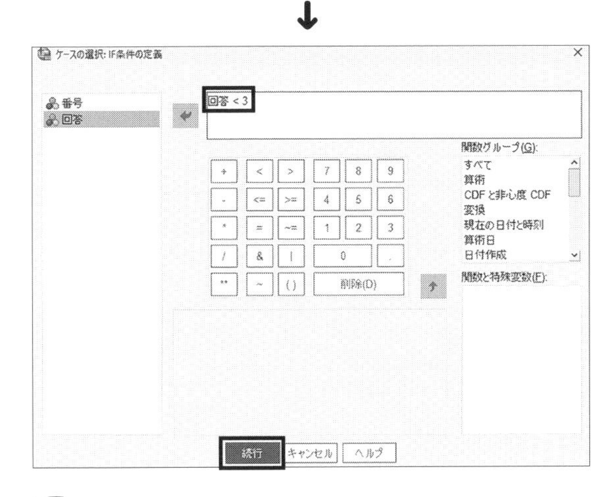

回答の値の設定方法

例文 A を 1，例文 B を 2，例文 C を 3 としたので，「回答 < 3」とすれば例文 A と例文 B のデータのみからなる列が作成される。

(4)［OK］をクリックする。

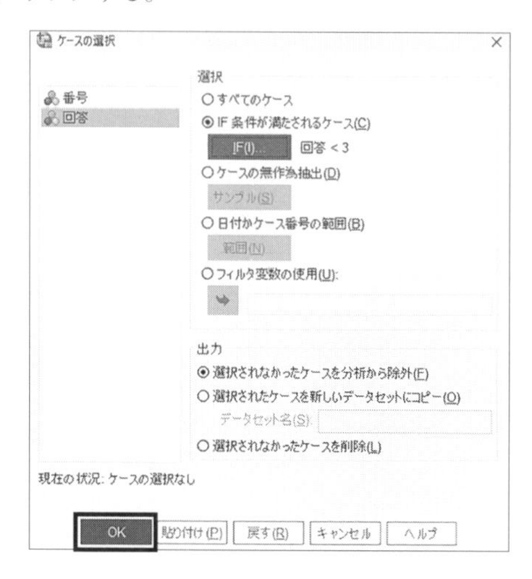

2. 例文 A と例文 B の対比較を行う。

χ^2 検定と同様に，**［分析 (A)］→［ノンパラメトリック検定 (N)］→［過去のダイアログ (L)］→［カイ 2 乗 (C)...］**の手順で例文 A と例文 B の対比較を行う。

※例文 B と例文 C の対比較に関しては，条件の定義として「回答 >1」を入力して新しい列を作成する。

※例文 A と例文 C の対比較に関しては，条件の定義として「回答 =1 ｜回答 =3」を入力して新しい列を作成する。

結果の見方：対比較

● 例文 A と例文 B の対比較：

例文 B よりも，例文 A を選択した人が有意に多かった。

回答

	観測度数 N	期待度数 N	残差
例文A	57	35.5	21.5
例文B	14	35.5	-21.5
合計	71		

検定統計量

	回答
カイ 2 乗	26.042[a]
自由度	1
漸近有意確率	<.001

a. 0 セル (0.0%) の期待度数は 5 以下です。必要なセルの度数の最小値は 35.5 です。

●例文 B と例文 C の対比較：

例文 B と例文 C の間に有意な差はなかった。

回答

	観測度数 N	期待度数 N	残差
例文B	14	11.5	2.5
例文C	9	11.5	-2.5
合計	23		

検定統計量

	回答
カイ 2 乗	1.087[a]
自由度	1
漸近有意確率	.297

a. 0 セル (0.0%) の期待度数は 5 以下です。必要なセルの度数の最小値は 11.5 です。

●例文 A と例文 C の対比較：

例文 C よりも，例文 A を選択した人が有意に多かった。

回答

	観測度数 N	期待度数 N	残差
例文A	57	33.0	24.0
例文C	9	33.0	-24.0
合計	66		

検定統計量

	回答
カイ 2 乗	34.909[a]
自由度	1
漸近有意確率	<.001

a. 0 セル (0.0%) の期待度数は 5 以下です。必要なセルの度数の最小値は 33.0 です。

js-STAR による 1 変量の χ^2 検定の方法

1． js-STAR のホームページを開くと，以下のような画面が表示される。［1 × J 表（カイ二乗検定)］をクリックする。

2． まず，3つの例文があるので，**［横（列）］**を「3」とする。次に，各例文の回答者数を入力する。入力方法は以下の2つがある。

方法1：各例文の回答者数がわかる場合は，**［度数］**に直接，各例文のそれぞれの回答者数を入力する。今回は，課題1の下の表を参照しながら，**［度数］**に各例文の回答者数（例文Aは「57」，例文Bは「14」，例文Cは「9」）を入力する。

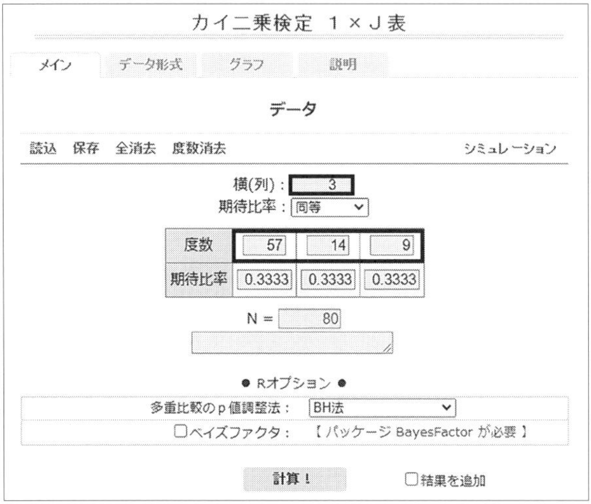

カイ二乗検定 1×J表

メイン　データ形式　グラフ　説明

データ

読込　保存　全消去　度数消去　シミュレーション

横(列)：3
期待比率：同等

度数	57	14	9
期待比率	0.3333	0.3333	0.3333

N = 80

● Rオプション ●

多重比較のp値調整法：BH法
☐ベイズファクタ：【パッケージ BayesFactor が必要】

計算！　☐結果を追加

方法2：事前に各例文の回答者数がわからない場合は，以下の空欄を用いて各水準の回答者数を入力することができる。分析に用いるデータ（課題1の上の表，右を参照）を以下の空欄に貼り付けると，**［代入］**ボタンが現れる。**［代入］**ボタンをクリックすると，各例文の度数が表示される。データを貼り付ける際には，調査協力者を表す番号を除き，分析対象となるデータのみを用いる。

番号	回答
1	1
2	1
3	3
⋮	⋮
78	2
79	1
80	2

太枠の部分をコピー＆ペースト

3．［**計算！**］をクリックする。

結果の見方

● 各水準の記述統計量および χ^2 検定結果：

1％水準で有意な偏りが見られた（$\chi^2(2) = 52.23, p < .01$）。

● 多重比較の結果：

例文Bと例文Cの回答者数よりも，例文Aの回答者数の方が有意に多かった。

また，例文Bと例文Cの回答者数の間に有意な差が見られなかった。

```
==ライアンの名義水準を用いた多重比較==
 (有意水準 alpha = 0.05 とします)
----------------------------------------------------
セル比較      臨界比        検定        名義水準
----------------------------------------------------
1 > 2    4.98   *  p<0.0002   0.03333
1 > 3    5.79   *  p<0.0002   0.01667
2 = 3    0.83   ns p>.05      0.03333
----------------------------------------------------
```

課題 1：結果の記述方法例

３つの例文の丁寧さ（どの例文が最も失礼か）についてアンケート調査を実施した結果，例文Ａの回答者数は57名，例文Ｂは14名，例文Ｃは９名であった（Table 1）。１変量のχ^2検定を行ったところ，有意な偏りが見られた（$\chi^2(2) = 52.23$, $p < .01$）。例文Ｂと例文Ｃよりも，例文Ａが最も失礼だと答えた人が有意に多かった（$p < .01$）が，例文Ｂと例文Ｃの間には有意な差が見られなかった。

Table1. ３つの例文の回答者数のクロス集計表

	例文 A	例文 B	例文 C
回答者数	57	14	9
(期待度数)	(26.67)	(26.67)	(26.67)

1.2 2変量のχ^2検定

研究課題

- ☑ 例文の丁寧さの判断調査の結果に，有意な差があるか検定する。
- ☑ 2つのグループの対象者に調査する。

先生，今度は母語による違いについて調べてみたいです。先程の3つの例文の丁寧さについて，日本語非母語話者50名に対して追加調査を行いました。

その結果は？

50名の日本語非母語話者のうち，例文Aが最も失礼だと答えた人は4名，例文Bと答えた人は10名，例文Cと答えた人は36名いました。日本語非母語話者の場合は，例文Cが失礼だと判断した人が最も多くて，日本語母語話者と異なる結果となっていますね。

本当ですね。今度は，「母語」と「例文の種類」という2つの変数があるので，**2変量のχ^2検定**を用います！

課題 2

課題 1 の 3 つの例文（例文 A，例文 B，例文 C）の丁寧さについて，日本語母語話者 80 名と日本語非母語話者 50 名に対して調査を行った。「次の例文の中から，最も失礼だと思うものを 1 つ選んでください」と指示し，回答を求めた。日本語母語話者の各例文の回答者数を集計した結果，例文 A と回答した人は 57 名，例文 B は 14 名，例文 C は 9 名であった。また，日本語非母語話者の各例文の回答者数を集計した結果，例文 A と回答した人は 4 名，例文 B は 10 名，例文 C は 36 名であった。日本語が母語であるかどうかによって，各例文の丁寧さに対する判断が異なるかについて，検討しなさい。

番号	母語	回答
1	1	1
2	1	1
3	1	3
4	1	1
5	1	2
6	1	2
7	1	1
8	1	1
9	1	1
10	1	2
⋮	⋮	⋮
128	0	3
129	0	3
130	0	3

注)「母語」について，日本語母語話者を 1，日本語非母語話者を 0 とする。「回答」について，例文 A を 1，例文 B を 2，例文 C を 3 とする。

母語＼例文	例文 A	例文 B	例文 C
日本語母語話者	57	14	9
日本語非母語話者	4	10	36

SPSS による 2 変量の χ^2 検定の方法

1． SPSS を起動し，Excel ファイルからデータ（課題 2 の上の表）を読み込む。データが読み込まれると，以下のような画面が表示される。

ファイル(F)　編集(E)　表示(V)　データ(D)　変換(T)

	番号	母語	回答	var
1	1.00	1.00	1.00	
2	2.00	1.00	1.00	
3	3.00	1.00	3.00	
4	4.00	1.00	1.00	
5	5.00	1.00	2.00	
6	6.00	1.00	2.00	
7	7.00	1.00	1.00	
8	8.00	1.00	1.00	
9	9.00	1.00	1.00	
10	10.00	1.00	2.00	
11	11.00	1.00	1.00	

2．［**変数 ビュー**］を開き，各変数の［**値**］と［**尺度**］を設定する。

・**値：**母語について，日本語母語話者を「1」，日本語非母語話者を「0」とする。また，回答について，例文 A を「1」，例文 B を「2」，例文 C を「3」とする。

・**尺度：**すべての変数の尺度水準を「名義」とする。

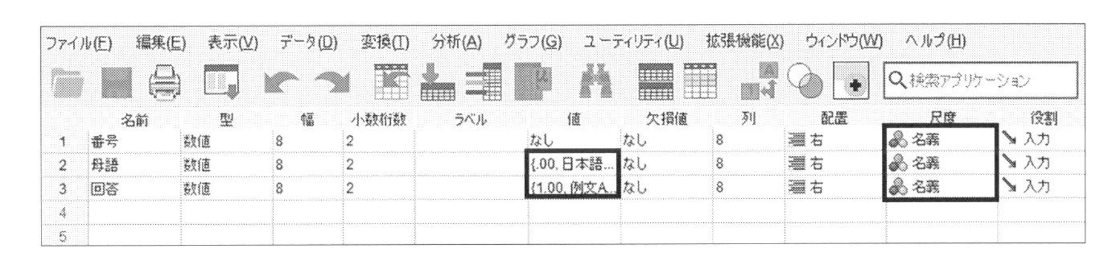

ファイル(F)　編集(E)　表示(V)　データ(D)　変換(T)　分析(A)　グラフ(G)　ユーティリティ(U)　拡張機能(X)　ウィンドウ(W)　ヘルプ(H)

	名前	型	幅	小数桁数	ラベル	値	欠損値	列	配置	尺度	役割
1	番号	数値	8	2		なし	なし	8	右	名義	入力
2	母語	数値	8	2		{.00, 日本語...	なし	8	右	名義	入力
3	回答	数値	8	2		{1.00, 例文A...	なし	8	右	名義	入力
4											
5											

3． 2変量のχ^2検定を実行する。

(1)［分析（A）］→［記述統計（E）］→［クロス集計表（C）...］

ファイル(F)　編集(E)　表示(V)　データ(D)　変換(T)　分析(A)　グラフ(G)　ユーティリティ(U)　拡張機能(X)　ウィンドウ(W)　ヘルプ(H)

検索アプリケーション

	番号	母語	回答	var
1	1.00	1.00	1.00	
2	2.00	1.00	1.00	
3	3.00	1.00	3.00	
4	4.00	1.00	1.00	
5	5.00	1.00	2.00	
6	6.00	1.00	2.00	
7	7.00	1.00	1.00	
8	8.00	1.00	1.00	
9	9.00	1.00	1.00	
10	10.00	1.00	2.00	
11	11.00	1.00	1.00	
12	12.00	1.00	1.00	
13	13.00	1.00	3.00	
14	14.00	1.00	1.00	
15	15.00	1.00	2.00	

検定力分析(W)　＞
メタ分析　＞
報告書(P)　＞
記述統計(E)　＞
ベイズ統計(Y)　＞
テーブル(B)　＞
平均値と比率の比較　＞
一般線型モデル(G)　＞
一般化線型モデル(Z)　＞
混合モデル(X)　＞
相関(C)　＞
回帰(R)　＞
対数線型(O)　＞
分類(F)　＞
次元分解(D)　＞

度数分布表(F)...
記述統計(D)...
母集団の記述統計
探索的(E)...
クロス集計表(C)...
TURF 分析
比率(R)...
比率の信頼区間
正規 P-P プロット(P)...
正規 Q-Q プロット(Q)...

(2) 課題2の下の表を参照しながら，画面の中央にある矢印を用いて，「母語」を**［行（O）］**に，「回答」を**［列（C）］**に移動させる。

(3)［統計量（S）...］をクリックすると，以下の画面が表示される。**［カイ2乗（H）］**にチェックを入れて，**［続行］**をクリックする。

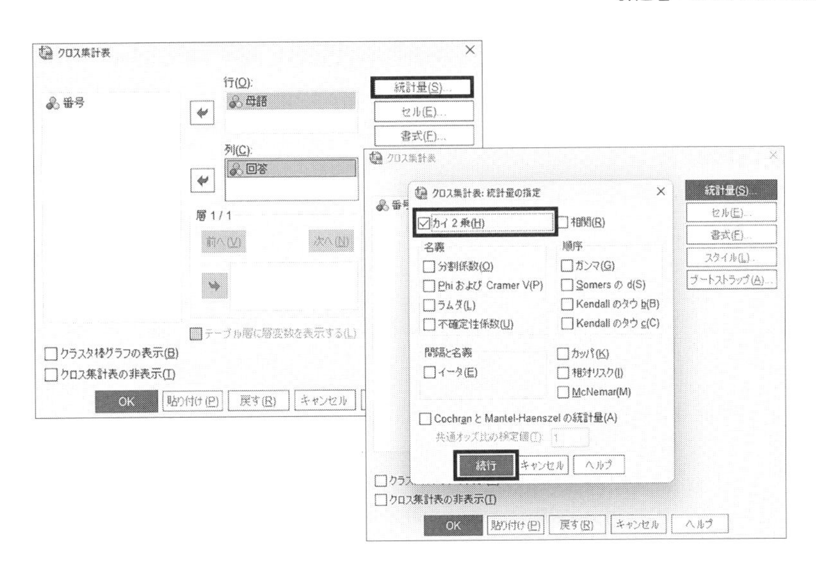

(4) ［**セル（E）...**］をクリックすると，以下の画面が表示される。［**観測（O）**］，［**期待（E）**］，［**調整済みの標準化（A）**］にチェックを入れて，［**続行**］をクリックする。

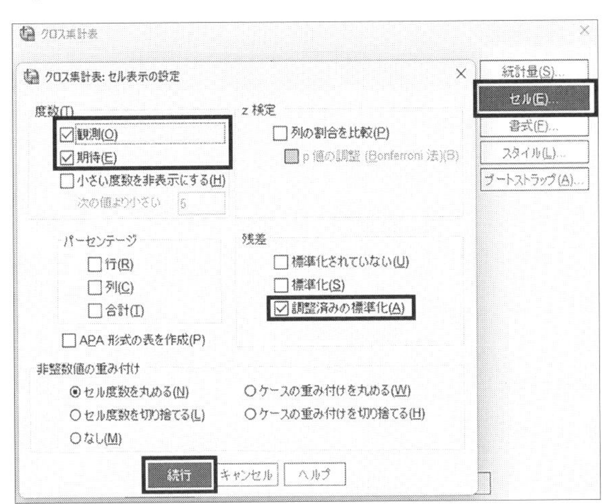

残差分析の方法

「標準化されていない」，「標準化」，「調整済みの標準化」という 3 種類がある。本章では「調整済みの標準化」にする。

(5) 最後に，［OK］をクリックする。

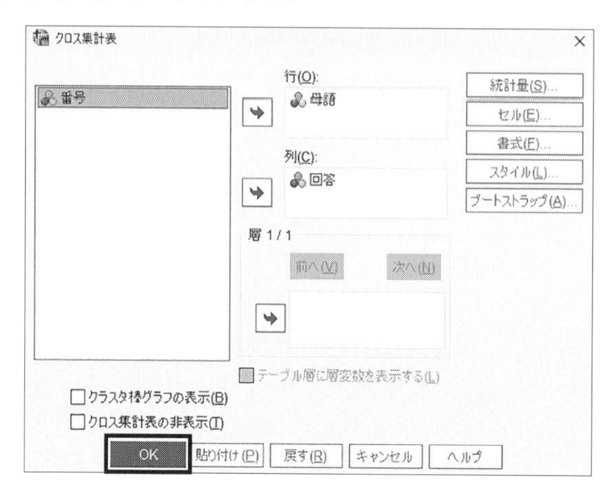

結果の見方

●各変数の記述統計：

日本語母語話者のうち，例文Aの回答者数は57名，例文Bは14名，例文Cは9名であった。一方，日本語非母語話者のうち，例文Aの回答者数は4名，例文Bは10名，例文Cは36名であった。

● χ^2 検定の結果：

有意確率は<.001なので，1％水準で有意であった。

$$\chi^2(2) = 59.14,\ p < .01$$

自由度　χ^2値　有意確率

●残差分析の結果：

日本語母語話者の場合は，例文Aと答えた人が有意に多く（$p < .01$），例文Cと答えた人が有意に少なかった（$p < .01$）。一方，日本語非母語話者の場合は，例文Cと答えた人が有意に多く（$p < .01$），例文Aと答えた人が有意に少ない（$p < .01$）ことが示された。

残差分析の結果の見方

各セルの調整済み残差の絶対値が 1.96 を超える場合は 5 ％水準で，2.56 を超える場合は 1 ％水準で有意である。

※絶対値＝＋/−を取った数値

母語 と 回答 のクロス表

			回答 例文A	回答 例文B	回答 例文C	合計
母語	日本語非母語話者	度数	4	10	36	50
		期待度数	23.5	9.2	17.3	50.0
		調整済み残差	-7.0	.4	7.1	
	日本語母語話者	度数	57	14	9	80
		期待度数	37.5	14.8	27.7	80.0
		調整済み残差	7.0	-.4	-7.1	
合計		度数	61	24	45	130
		期待度数	61.0	24.0	45.0	130.0

カイ 2 乗検定

	値	自由度	漸近有意確率 (両側)
Pearson のカイ 2 乗	59.142[a]	2	<.001
尤度比	66.066	2	<.001
線型と線型による連関	58.666	1	<.001
有効なケースの数	130		

a. 0 セル (0.0%) は期待度数が 5 未満です。最小期待度数は 9.23 です。

「期待度数」が 5 未満の場合

「期待度数」が 5 未満のものがセル全体の 20 ％以上を占める場合は，フィッシャーの正確（直接）確率検定（Fisher's exact test）を使うことが望ましい。SPSS では，2 × 2 クロス表のフィッシャーの正確（直接）確率検定法が計算されるが，それ以上の大きなクロス表（たとえば，課題 2 のような 2 × 3 のクロス表）の場合は，オプションの Exact Tests をインストールする必要がある。

なお，今回は出力された結果の通り最小期待度数は 9.23 であり，5 未満のものはない。

js-STARによる2変量のχ^2検定の方法

1. js-STARのホームページを開くと，以下のような画面が表示される。
   ［i × J表（カイ二乗検定）］をクリックする。

js-STAR XR+ release 1.6.0 j
Programing by Satoshi Tanaka & nappa(Hiroyuki Nakano)

★彡 お知らせ
- TOP
- What's new!
- 動作確認・バグ状況

★彡 各種分析ツール
度数の分析
- 1×2表(正確二項検定)
- 1×2表：母比率不等
- 1×J表(カイ二乗検定)
- 2×2表(Fisher's exact test)
- i×J表(カイ二乗検定)
- 2×2×K表(層化解析)
- i×J×K表(3元モデル選択)

TOP

■ すばやいデータ分析を可能にする，ブラウザで動く，フリーの統計ソフト！

js-STARは，わかりやすいインターフェースとかんたんな操作により，驚くほどすばやくデータ分析ができる，無償の統計ソフトです。
ブラウザ上で動作するため，WindowsでもMacでも使用できます。

動作確認は，Windows10 + GoogleChrome で行っています。

・ダウンロード はこちらです。
・第XR版（js-STAR ver 10） はこちらです。
・スマホ版はこちらです。

2. 各水準の回答者数を入力する。
   課題2は，2（日本語母語話者，日本語非母語話者）×3（例文A，例文B，例文C）のデザインなので，**［縦（行）］**を「2」に，**［横（列）］**を「3」にする。3つの例文のそれぞれの回答者数を入力する。

カイ二乗検定 i×J表

メイン　データ形式　グラフ　説明

データ

読込　保存　消去　　シミュレーション

縦(行)：2 ×横(列)：3

57	14	9
4	10	36

N = 130

イエーツの補正（2×2のみ選択可）

● Rオプション ●

多重比較のp値調整法：BH法

ベイズファクタ：【パッケージ BayesFactor が必要】

計算！　結果を追加

3．［計算！］をクリックする。

結果の見方

●各水準の記述統計量およびχ^2検定の結果：

1％水準で有意な偏りが見られた（$\chi^2(2) = 59.14, p < .01$）。

「カイ二乗検定の結果」
（上段実測値，下段期待値）

57	14	9
37.538	14.769	27.692
4	10	36
23.462	9.231	17.308

x2(2)=　59.142　　,　p<.01
Cramer's V = 0.674

●残差分析の結果：

日本語母語話者の場合は，例文Ａと答えた人が有意に多く（$p < .01$），例文Ｃと答えた人が有意に少なかった（$p < .01$）。一方，日本語非母語話者の場合は，例文Ｃと答えた人が有意に多く（$p < .01$），例文Ａと答えた人が有意に少ない（$p < .01$）ことが示された。

「 残差分析の結果 」
（上段調整された残差，下段検定結果）

7.030	-0.357	-7.083
**	ns	**
-7.030	0.357	7.083
**	ns	**

+p<.10　*p<.05　**p<.01

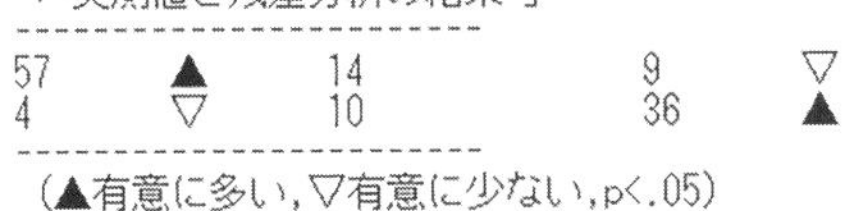

「 実測値と残差分析の結果 」

57	▲	14	9	▽
4	▽	10	36	▲

（▲有意に多い，▽有意に少ない，p<.05）

課題 2：結果の記述方法例

３つの例文の丁寧さ（どの例文が最も失礼か）についてアンケート調査を実施した結果，日本語母語話者のうち，例文Ａの回答者数は57名，例文Ｂは14名，例文Ｃは９名であった。一方，日本語非母語話者のうち，例文Ａの回答者数は４名，例文Ｂは10名，例文Ｃは36名であった（Table 2）。２変量のχ^2検定を行ったところ，有意な偏りが見られた（$\chi^2(2)=59.14$, $p<.01$）。そこで，残差分析を行った結果，日本語母語話者の場合は例文Ａが最も失礼だと答えた人が有意に多かったが（$p<.01$），日本語非母語話者の場合は例文Ｃが失礼だと答えた人が有意に多い（$p<.01$）ことが明らかになった。

Table2.　3つの例文の回答者数のクロス集計表

	例文 A	例文 B	例文 C
日本語母語話者	57	14	9
（期待度数）	(37.54)	(14.77)	(27.69)
日本語非母語話者	4	10	36
（期待度数）	(23.46)	(9.23)	(17.31)

練習問題

ある文の自然さについて，日本語母語話者20名と日本語非母語話者20名を対象にアンケート調査を実施した。日本語母語話者は20名中14名が「自然」，6名が「不自然」と回答した。一方，日本語非母語話者は20名中7名が「自然」，13名が「不自然」と回答した。母語による文の自然さの判断の違いについて，検討しなさい。

番号	母語	回答
1	1	1
2	1	1
3	1	1
4	1	1
5	1	1
6	1	1
7	1	1
8	1	1
9	1	0
10	1	0
⋮	⋮	⋮
36	0	0
37	0	0
38	0	0
39	0	0
40	0	1

注)「母語」について，日本語母語話者を1，日本語非母語話者を0とする。
「回答」について，自然を1，不自然を0とする。

母語＼自然さの判断	自然	不自然
日本語母語話者	14	6
日本語非母語話者	7	13

解答

SPSSによる2（日本語母語話者，日本語非母語話者）×2（自然，不自然）のχ^2検定を行ったところ，有意な偏りが見られた（$\chi^2(1)=4.91$, $p<.05$）。そこで，残差分析を行った結果，日本語母語話者の方が「自然」と判断した人が有意に多く（$p<.05$），日本語非母語話者の方が「不自然」と判断した人が有意に多い（$p<.05$）ことが明らかとなった（Table 3）。

Table3. 文章の自然さの判断のクロス集計表

	自然	不自然
日本語母語話者	14	6
（期待度数）	(10.50)	(9.50)
日本語非母語話者	7	13
（期待度数）	(10.50)	(9.50)

母語 と 回答 のクロス表

			回答		
			不自然	自然	合計
母語	日本語非母語話者	度数	13	7	20
		期待度数	9.5	10.5	20.0
		調整済み残差	2.2	-2.2	
	日本語母語話者	度数	6	14	20
		期待度数	9.5	10.5	20.0
		調整済み残差	-2.2	2.2	
合計		度数	19	21	40
		期待度数	19.0	21.0	40.0

カイ2乗検定

	値	自由度	漸近有意確率（両側）	正確な有意確率（両側）	正確有意確率（片側）
Pearsonのカイ2乗	4.912[a]	1	.027		
連続修正[b]	3.609	1	.057		
尤度比	5.019	1	.025		
Fisherの直接法				.056	.028
線型と線型による連関	4.789	1	.029		
有効なケースの数	40				

a. 0セル (0.0%) は期待度数が5未満です。最小期待度数は9.50です。

b. 2x2表に対してのみ計算

第2章

t 検定

2つの母集団の平均の違いを検定しよう

エン先生からの
事前講義

2つの母集団の平均値に有意な差があるかどうかを検討する際に，***t* 検定**が用いられます。*t* 検定は，対応の有無によって，**対応のない *t* 検定**（参加者間）と**対応のある *t* 検定**（参加者内）という2種類に分類されています。

対応のない *t* 検定

2つのデータが異なる母集団から集めた独立したものである場合は，対応のない *t* 検定を用います。

例 母語によって文法性判断の得点が異なるかについて検討する。大学生10名（日本語母語話者5名，日本語非母語話者5名）に対してアンケート調査を行う。

ここでは，日本語母語話者と日本語非母語話者という，2つの母集団が存在しており，このように2つの異なる母集団からデータを収集する場合は，対応のない *t* 検定となります。

対応のない *t* 検定の例：母語による文法性判断の違い

参加者	要因（母語）	文法性判断の得点
佐藤	水準1（日本語母語話者）	5
鈴木	水準1（日本語母語話者）	4
高橋	水準1（日本語母語話者）	4
田中	水準1（日本語母語話者）	3
伊藤	水準1（日本語母語話者）	5

張	水準 2（日本語非母語話者）	2
王	水準 2（日本語非母語話者）	3
朴	水準 2（日本語非母語話者）	3
李	水準 2（日本語非母語話者）	2
金	水準 2（日本語非母語話者）	3

対応のある *t* 検定

2つのデータが独立とは言えない場合は，対応のある t 検定を用います。

例 ある教授法の効果を検証するために，同一の受講生に対して，授業前と授業後の2時点において同じテストを行う。授業前の成績と授業後の成績の平均点には差があるかどうかを検討する。

このように，同じ対象者に対してデータを集める場合は，対応のある t 検定を用います。

対応のある *t* 検定の例：教授方法による成績の違い

参加者	要因（教授方法）	
	水準 1（授業前の得点）	水準 2（授業後の得点）
佐藤	85	87
鈴木	75	75
高橋	80	85
田中	66	80
伊藤	75	72
渡辺	68	66
山本	90	92
中村	88	90
小林	70	80
加藤	60	75

2.1 対応のない t 検定

研究課題

☑ 2つの例文の自然さの判断に，有意な差があるか分析する。

☑ 2つのグループの対象者に調査して，それぞれの例文の平均値の差を検定する。

今日は文法性判断について勉強しました。これは例文Aのような文は自然で例文Bのような文は不自然だということを言うものです。

例文 A：　あ，あそこに田中さんがいますよ。

例文 B：*あ，あそこに田中さんがありますよ。

＊は非文を表します。

これくらいはっきりしているような場合は特に問題ではないのですが，次の2つの例文について考えてみると，僕には例文Cが不自然で例文Dは自然に感じられたんです。

例文 C：太郎は羊を飼っている。花子はこの羊にえさをやる。

例文 D：太郎は羊を飼っていて，それを育てて売ることで生計を立てている。花子はこの羊にえさをやる。

それはあくまで堤さんが感じたことですね。そういうのを内省と言ってそれも重要ですけど，違う判断をする人もいるかもしれないですね。

そうなんです！　こういうとき，ゼミの友達の間でも「これは自然だ」「不自然だ」という水掛け論が起こってしまって建設的ではないんです。そこで，今回は次のようなアンケート調査を行ってみました。

日本語母語話者20名をそれぞれ10名ずつ，2つのグループに分けて，文法性判断に関するアンケート調査を行った。片方のグループには前述の例文Cについて，もう片方のグループには前述の例文Dの文の自然さについて，7件法（7とても自然－6自然－5やや自然－4どちらとも言えない－3やや不自然－2不自然－1全く不自然）で回答を求めた。

平均値と標準偏差を算出した結果，例文Cの平均値は3.50（*SD* = 0.85），例文Dの平均値は4.50（*SD* = 0.85）でした。どうですか，どう見ても例文Dの方が自然じゃないですか？　これで例文Cは不自然で例文Dは自然だと証明できましたね！

うーん，たまたま堤さんがアンケートをとった人がそう答えただけかもしれませんね。別の人にアンケートをしたら，別の答えが出てしまうかもしれません。今回の結果が，偶然なのか，それとも本当に差があるのかどうか，ここでは**対応のない *t* 検定**を使って，この2つの平均点の間に違いがあるかどうか見てみましょう。

課題 1

前述の 2 つの例文（例文 C と例文 D）の自然さについて，日本語母語話者 20 名をそれぞれ 10 名ずつ，2 つのグループに分けて，片方のグループには例文 C に対して，もう片方のグループには例文 D に対して 7 件法で回答を求め，以下のようなデータを収集した。2 つの例文の得点の平均値には有意な差があるかどうかについて検討しなさい。

番号	例文	得点
1	1	3
2	1	4
3	1	2
4	1	4
5	1	4
6	1	4
7	1	3
8	1	3
9	1	3
10	1	5
⋮	⋮	⋮
18	2	4
19	2	5
20	2	6

注）「例文」について，例文 C を 1，例文 D を 2 とする。

SPSS による対応のない t 検定の方法

1．SPSS を起動し，Excel ファイルからデータを読み込む。データが読み込まれると，以下のような画面が表示される。

ファイル(F)　編集(E)　表示(V)　データ(D)　変換(T)

	番号	例文	得点	var
1	1.00	1.00	3.00	
2	2.00	1.00	4.00	
3	3.00	1.00	2.00	
4	4.00	1.00	4.00	
5	5.00	1.00	4.00	
6	6.00	1.00	4.00	
7	7.00	1.00	3.00	
8	8.00	1.00	3.00	
9	9.00	1.00	3.00	
10	10.00	1.00	5.00	
11	11.00	2.00	4.00	

2．**［変数 ビュー］**を開き，各変数の**［値］**と**［尺度］**を設定する。

・**値**：例文における**［値］**について，例文 C を「1」，例文 D を「2」とする。

・**尺度**：番号と例文を「名義」，得点を「スケール」とする。

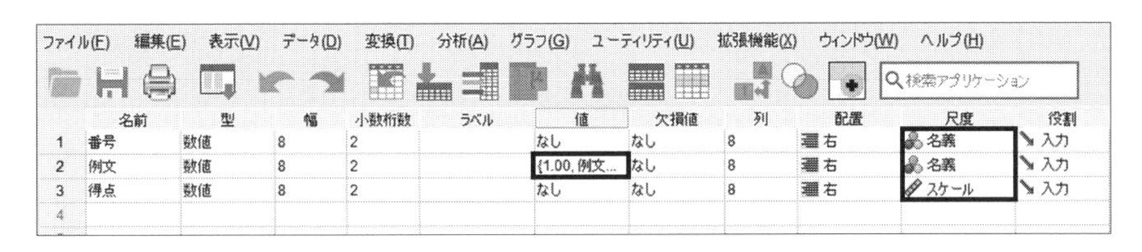

ファイル(F)　編集(E)　表示(V)　データ(D)　変換(T)　分析(A)　グラフ(G)　ユーティリティ(U)　拡張機能(X)　ウィンドウ(W)　ヘルプ(H)

	名前	型	幅	小数桁数	ラベル	値	欠損値	列	配置	尺度	役割
1	番号	数値	8	2		なし	なし	8	右	名義	入力
2	例文	数値	8	2		{1.00, 例文...	なし	8	右	名義	入力
3	得点	数値	8	2		なし	なし	8	右	スケール	入力
4											

3. 対応のない t 検定を実行する。

(1)［分析（A）］→［平均値と比率の比較］→［独立したサンプルの t 検定（T)...］

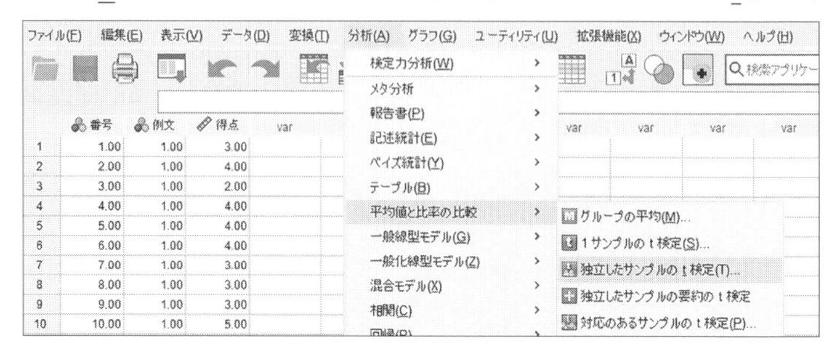

(2) 画面の中央にある矢印を用いて，「得点」を **［検定変数（T）］**，「例文」を **［グループ化変数（G）］** に移動させる。

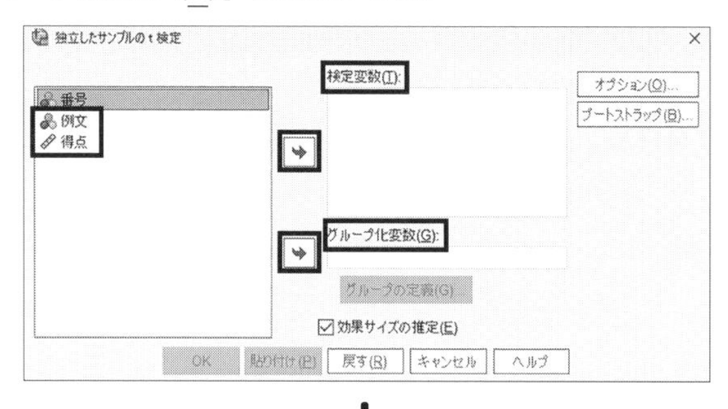

↓

「検定変数」と「グループ化変数」

例文の種類によって得点が異なるかを検定するので，例文の種類が独立変数，得点が従属変数となる。ここでは，検定の対象となるのは「得点（従属変数）」，2 グループに分類するための変数は「例文（独立変数）」となる。

(3)［**グループの定義（G)...**］をクリックすると，以下のような画面が表示される。前述のように，例文 C を「1」，例文 D を「2」と設定したので，［**グループ 1（1)**］に「1」，［**グループ 2（2)**］に「2」を入れて，［**続行**］をクリックする。

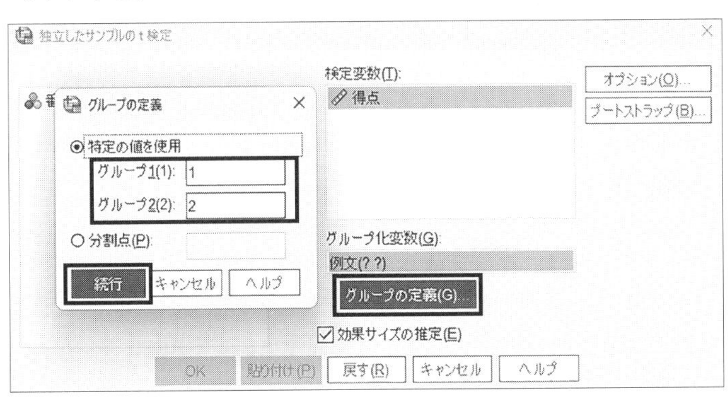

(4)［**OK**］をクリックする。

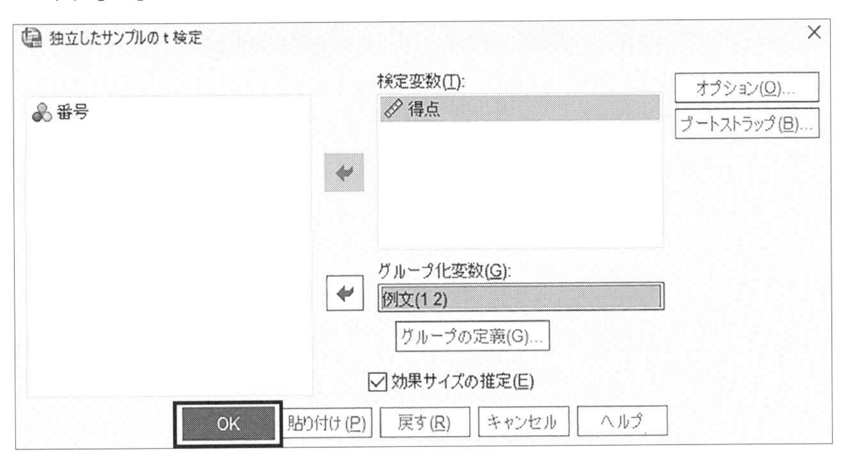

結果の見方

●各水準の記述統計量：

例文 C の平均値は 3.50（SD = 0.85），例文 D の平均値は 4.50（SD = 0.85）であった。

グループ統計量

	例文	度数	平均値	標準偏差	平均値の標準誤差
得点	1.00	10	3.5000	.84984	.26874
	2.00	10	4.5000	.84984	.26874

●対応のない t 検定の結果：

➡［**等分散性のための Levene の検定**］の結果を確認する。

［等分散性のための Levene の検定］の結果について

・F 値が有意でない（p > .05）

└等分散を仮定する

└［**等分散を仮定する**］の行の t 検定の結果を確認する。

・F 値が有意である（p < .05）

└等分散を仮定しない

└［**等分散を仮定しない**］の行の t 検定の結果を確認する。

今回は F 値が有意ではない（p = 1.00）ので，等分散が仮定される。よって，［**等分散を仮定する**］の行の t 検定の結果を確認する。

➡ t 検定を行った結果，p =.017 であり，例文 C と例文 D の平均値には有意な差が見られた。

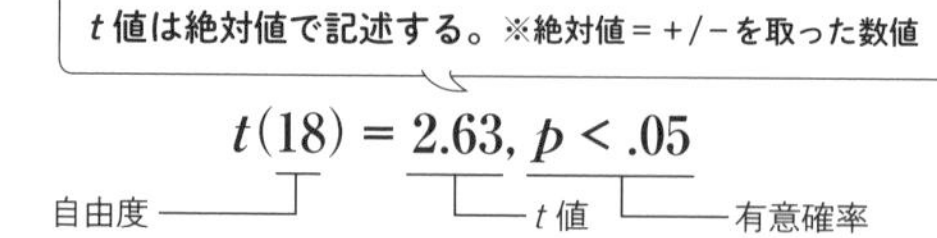

独立サンプルの検定

		等分散性のための Levene の検定		2 つの母平均の差の検定							
						有意確率				差の 95% 信頼区間	
		F 値	有意確率	t 値	自由度	片側 p 値	両側 p 値	平均値の差	差の標準誤差	下限	上限
得点	等分散を仮定する	.000	1.000	-2.631	18	.008	.017	-1.00000	.38006	-1.79847	-.20153
	等分散を仮定しない			-2.631	18.000	.008	.017	-1.00000	.38006	-1.79847	-.20153

js-STAR による対応のない *t* 検定の方法

1． js-STAR のホームページを開くと，以下のような画面が表示される。
［t 検定（参加者間）/ ノンパラ］をクリックする。

js-STAR XR+ release 1.6.0 j　　Programing by Satoshi Tanaka & nappa(Hiroyuki Nakano)

★彡 お知らせ
- TOP
- What's new!
- 動作確認・バグ状況

★彡 各種分析ツール

度数の分析
- 1×2表(正確二項検定)
- 1×2表：母比率不等
- 1×J表(カイ二乗検定)
- 2×2表(Fisher's exact test)
- i×J表(カイ二乗検定)
- 2×2×K表(層化解析)
- i×J×K表(3元モデル選択)
- i×J×K×L表(4元モデル選択)
- 自動評価判定1×2(グレード付与)
- 自動集計検定2×2(連関の探索)
- 対応のある度数の検定

t 検定
- t 検定(参加者間) / ノンパラ
- t 検定(参加者内) / ノンパラ

分散分析
- A s(1要因参加者間)

TOP

■ すばやいデータ分析を可能にする，ブラウザで動く，フリーの統計ソフト！

js-STARは，わかりやすいインターフェースとかんたんな操作により，驚くほどすばやくデータ分析ができる，無償の統計ソフトです。
ブラウザ上で動作するため，WindowsでもMacでも使用できます。

動作確認は，Windows10 + GoogleChrome で行っています。

・ダウンロード はこちらです。
・第XR版（js-STAR ver 10） はこちらです。
・スマホ版はこちらです。

■ XR+の充実した機能！！

表計算ソフトや統計ソフトRとの連携もでき，かゆいところに手が届くデータ加工やjs-STARではできない高度な分析も可能にしています。

- 表計算ソフトのデータを，テキストエリアやセルに，かんたんに貼り付け
- データ加工を助ける各種ユーティリティ
- ほとんどのツールで，分析に必要なRプログラムを出力
- Rプログラムは，計算結果の読み取りとレポート作成を自動化
- Rプログラムは，ベイズファクタ分析に対応

2． 各群の調査協力者数を入力する。
［群 1　参加者数］に「10」，**［群 2　参加者数］**に「10」を入力する。

t 検定（参加者間）／ U検定・メディアン検定

メイン　データ形式　グラフ　説明

データ

読込　保存　消去　　シミュレーション

群1 参加者数：10
群2 参加者数：10

群	参加者	データ
	1	
	2	
	3	

3．［**代入**］を用いてデータを一括入力する。

分析に用いるデータを以下の空欄に貼り付け，［**代入**］ボタンをクリックする。

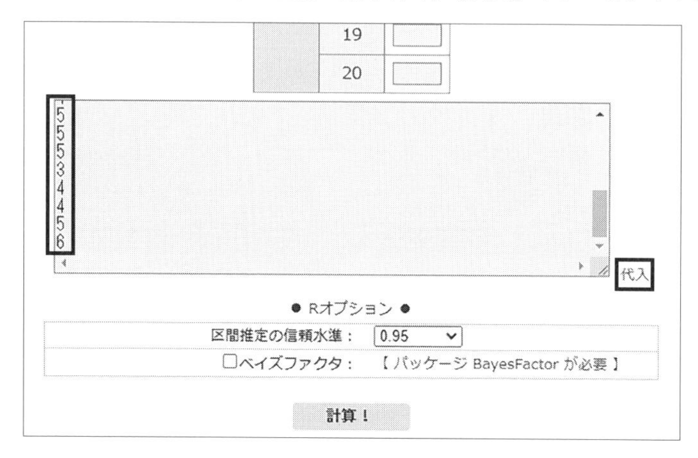

4．［**計算！**］をクリックする。

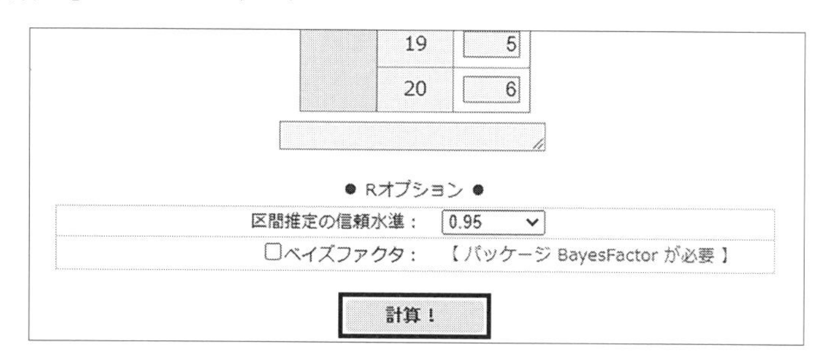

結果の見方

● 各水準の記述統計量および t 検定の結果：

例文Ｃと例文Ｄの平均値には有意な差が見られた（$t(18) = 2.63, p < .05$）。

```
[ 対応のないｔ検定(Welch's t-Test) ]

 == Mean & S.D. ( SDは標本標準偏差 ) ==

------------------------------------------------
         N       Mean       S.D.
------------------------------------------------
群1     10        3.5       0.81
群2     10        4.5       0.81
------------------------------------------------
t(18)= 2.6312 ,    *  (p<.05)
------------------------------------------------
```

課題１：結果の記述方法例

２つの例文（例文Ｃと例文Ｄ）の自然さに統計的に有意な差があるかどうかを検討するために，対応のない t 検定を行った。その結果，例文Ｃと例文Ｄの間には有意な差が見られた（$t(18) = 2.63, p < .05$）。例文Ｃ（$M = 3.50, SD = 0.85$）よりも，例文Ｄ（$M = 4.50, SD = 0.85$）の得点の方が有意に高いことが明らかとなった。

2.2 対応のある t 検定

研究課題

☑ 2 つの例文の自然さの判断に，有意な差があるか分析する。

☑ 同じ対象者で，例文の平均値の差を検定する。

課題 1 では，対応のない t 検定について勉強しました。対応のある t 検定はどんなときに使いますか？

例えば，同じ調査協力者に対して 2 回調査を行うというように，得られた 2 つのデータの母集団が独立とは言えないとき，対応のある t 検定を使います。

なるほど！　つまり，2 つの例文の自然さについて同じ人に判断してもらう場合ですね。今回は，課題 1 の 2 つの例文（例文 C と例文 D）の自然さについて次のようなアンケート調査を行いました。対応のない t 検定をした，例文 C と例文 D を別の人に聞いたときと同様に，やっぱり例文 C（M = 3.50, SD = 0.85）よりも，例文 D（M = 4.50, SD = 1.08）の方が自然さの得点が高かったですね。

日本語母語話者 10 名を対象に文法性判断に関するアンケート調査を行った。前述の例文 C と例文 D の文の自然さについて，7 件法（7 とても自然－ 6 自然－ 5 やや自然－ 4 どちらとも言えない－ 3 やや不自然－ 2 不自然－ 1 全く不自然）で回答を求めた。

では，この「差」が有意なものであるかどうかを**対応のある t 検定**を用いて検討してみましょう！

課題 2

課題 1 の 2 つの例文（例文 C と例文 D）の自然さについて，日本語母語話者 10 名に 7 件法で回答を求め，以下のようなデータを収集した。2 つの例文の得点の平均値に有意な差があるかについて検討しなさい。

番号	例文 C	例文 D
1	3	5
2	4	6
3	2	4
4	4	5
5	4	4
6	4	3
7	3	3
8	3	5
9	3	4
10	5	6

SPSSによる対応のある *t* 検定の方法

1． SPSSを起動し，Excelファイルからデータを読み込む。データが読み込まれると，以下のような画面が表示される。

	番号	例文C	例文D	var
1	1.00	3.00	5.00	
2	2.00	4.00	6.00	
3	3.00	2.00	4.00	
4	4.00	4.00	5.00	
5	5.00	4.00	4.00	
6	6.00	4.00	3.00	
7	7.00	3.00	3.00	
8	8.00	3.00	5.00	
9	9.00	3.00	4.00	
10	10.00	5.00	6.00	

2．［変数ビュー］ を開き，各変数の **［尺度］** を設定する。

・**尺度：** 番号を「名義」，例文Cと例文Dを「スケール」とする。

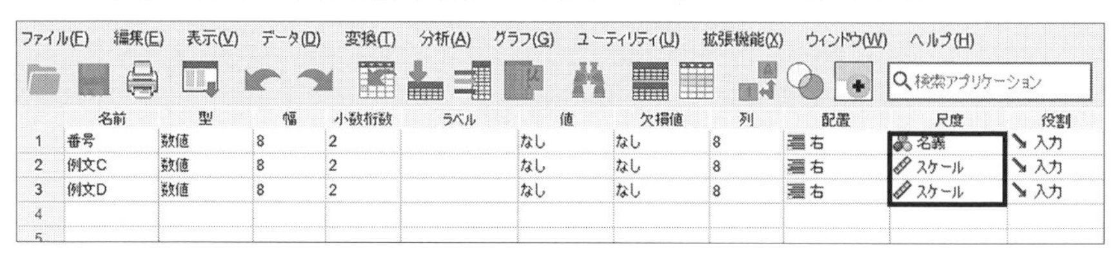

	名前	型	幅	小数桁数	ラベル	値	欠損値	列	配置	尺度	役割
1	番号	数値	8	2		なし	なし	8	右	名義	入力
2	例文C	数値	8	2		なし	なし	8	右	スケール	入力
3	例文D	数値	8	2		なし	なし	8	右	スケール	入力

3． 対応のある *t* 検定を実行する。

(1)［分析（A）］→［平均値と比率の比較］→［対応のあるサンプルのｔ検定（P)...］

(2) 画面の中央にある矢印を用いて，例文 C と例文 D を［**対応のある変数（R）**］に移動させる。最後に，［**OK**］をクリックする。

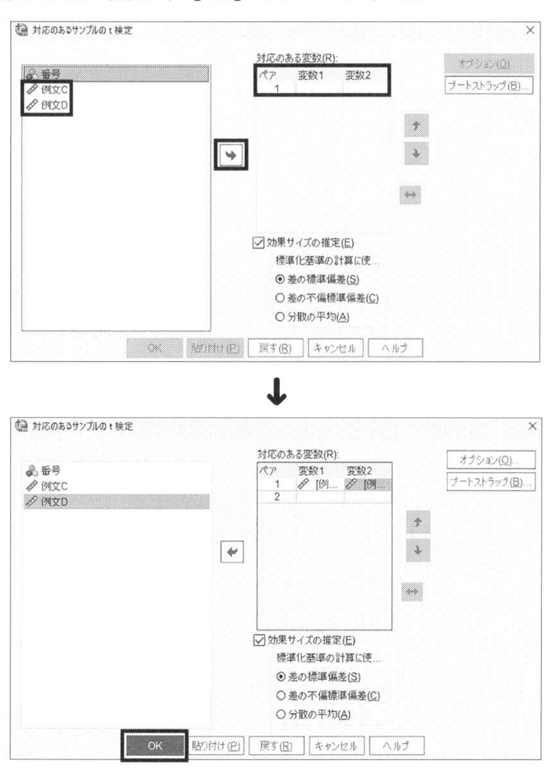

結果の見方

● **各水準の記述統計量：**

例文 C の平均値は 3.50（*SD* = 0.85），例文 D の平均値は 4.50（*SD* = 1.08）であった。

対応サンプルの統計量

		平均値	度数	標準偏差	平均値の標準誤差
ペア 1	例文C	3.5000	10	.84984	.26874
	例文D	4.5000	10	1.08012	.34157

2.2 対応あり

●対応のある t 検定の結果：

t 検定を行った結果，$t(9) = 3.00, p < .05$ であり，例文 C と例文 D の平均値には有意な差が見られた。

$$t(9) = 3.00, p < .05$$

自由度 ― t 値 ― 有意確率

対応サンプルの検定

	対応サンプルの差							有意確率	
	平均値	標準偏差	平均値の標準誤差	差の 95% 信頼区間 下限	差の 95% 信頼区間 上限	t 値	自由度	片側 p 値	両側 p 値
ペア 1　例文C - 例文D	-1.00000	1.05409	.33333	-1.75405	-.24595	-3.000	9	.007	.015

js-STAR による対応のある t 検定の方法

1. js-STAR のホームページを開くと，以下のような画面が表示される。
［t 検定（参加者内）/ ノンパラ］ をクリックする。

js-STAR XR+ release 1.6.0 j　Programing by Satoshi Tanaka & nappa(Hiroyuki Nakano)

★彡 お知らせ
- TOP
- What's new!
- 動作確認・バグ状況

★彡 各種分析ツール

度数の分析
- 1×2表(正確二項検定)
- 1×2表：母比率不等
- 1×J表(カイ二乗検定)
- 2×2表(Fisher's exact test)
- i×J表(カイ二乗検定)
- 2×2×K表(層化解析)
- i×J×K表(3元モデル選択)
- i×J×K×L表(4元モデル選択)
- 自動評価判定1×2(グレード付与)
- 自動集計検定2×2(連関の探索)
- 対応のある度数の検定

t 検定
- t 検定(参加者間) / ノンパラ
- t 検定(参加者内) / ノンパラ

分散分析
- As(1要因参加者間)

TOP

■ すばやいデータ分析を可能にする，ブラウザで動く，フリーの統計ソフト！

js-STARは，わかりやすいインターフェースとかんたんな操作により，驚くほどすばやくデータ分析ができる，無償の統計ソフトです。
ブラウザ上で動作するため，WindowsでもMacでも使用できます。

動作確認は，Windows10 + GoogleChrome で行っています。

・ダウンロード はこちらです。
・第XR版（js-STAR ver 10）はこちらです。
・スマホ版はこちらです。

■ XR+の充実した機能！！

表計算ソフトや統計ソフトRとの連携もでき，かゆいところに手が届くデータ加工やjs-STARではできない高度な分析も可能にしています。

- 表計算ソフトのデータを，テキストエリアやセルに，かんたんに貼り付け
- データ加工を助ける各種ユーティリティ
- ほとんどのツールで，分析に必要なRプログラムを出力
- Rプログラムは，計算結果の読み取りとレポート作成を自動化
- Rプログラムは，ベイズファクタ分析に対応

2． 調査協力者数を入力する。**［参加者数］** に「10」を入力する。

3．［代入］ を用いてデータを一括入力する。

分析に用いるデータを以下の空欄に貼り付け，**［代入］** ボタンをクリックする。

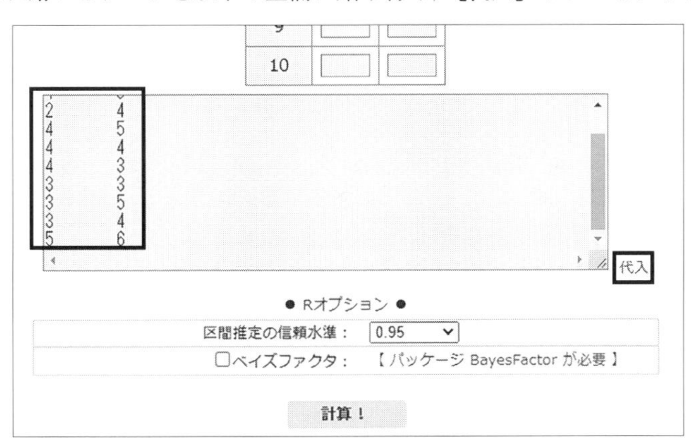

4．［計算！］ をクリックする。

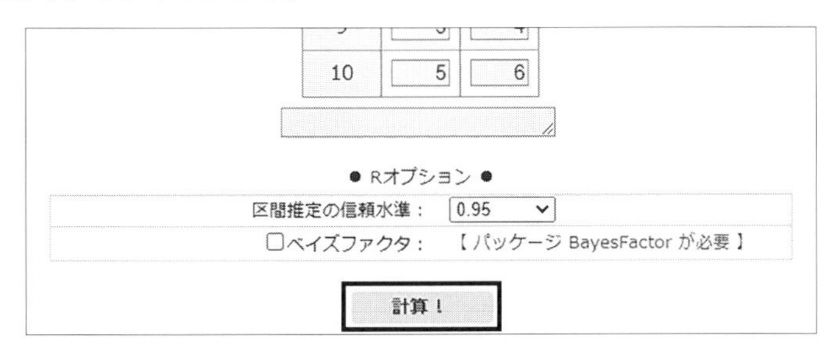

結果の見方

● **各水準の記述統計量および t 検定の結果：**

例文Cと例文Dの平均値には有意な差が見られた（$t(9) = 3.00, p < .05$）。

```
[ 対応のある t 検定(paired t-Test) ]

 == Mean & S.D. ( SDは標本標準偏差 ) ==

------------------------------------------------
          N      Mean      S.D.
------------------------------------------------
水準1    10       3.5      0.81
水準2    10       4.5      1.02
------------------------------------------------
 差      10       -1        1
------------------------------------------------
t(9)= 3 ,    * (p<.05)
------------------------------------------------
```

課題 2：結果の記述方法例

２つの例文（例文Cと例文D）の自然さに有意な差があるかどうかを検討するために，対応のある t 検定を行った。その結果，例文Cと例文Dの自然さの間には有意な差が見られた（$t(9) = 3.00, p < .05$）。例文C（$M = 3.50, SD = 0.85$）よりも，例文D（$M = 4.50, SD = 1.08$）の得点の方が有意に高いことが明らかとなった。

練習問題 1

試合後のスポーツ選手のインタビューにおけるフィラー「エー」の使用状況について検討を行うために，サッカー選手20名，野球選手20名，計40名分のインタビュー動画を収集し，1分間当たりの「エー」の使用回数を算出した。フィラー「エー」の使用回数について，サッカー選手と野球選手との間に有意な差があるかについて検討しなさい。

番号	スポーツ選手	エーの使用数
1	1	2.93
2	1	4.91
3	1	4.06
4	1	3.97
5	1	4.98
6	1	1.69
7	1	2.52
8	1	1.28
9	1	5.35
10	1	3.33
⋮	⋮	⋮
38	2	11.83
39	2	11.46
40	2	14.05

注)「スポーツ選手」について，サッカー選手を1，野球選手を2とする。

解答

SPSSによる対応のないt検定を行った結果，サッカー選手と野球選手の間に有意な差が見られた（$t(38) = 14.67, p < .01$）。サッカー選手（$M = 3.60$, $SD = 1.48$）よりも，野球選手（$M = 11.24$, $SD = 1.79$）の方が有意に多いことが明らかとなった。

グループ統計量

	選手	度数	平均値	標準偏差	平均値の標準誤差
エーの使用回数	サッカー選手	20	3.6040	1.48083	.33112
	野球選手	20	11.2375	1.79463	.40129

独立サンプルの検定

		等分散性のための Levene の検定		2つの母平均の差の検定							
						有意確率				差の 95% 信頼区間	
		F 値	有意確率	t 値	自由度	片側 p 値	両側 p 値	平均値の差	差の標準誤差	下限	上限
エーの使用回数	等分散を仮定する	1.256	.269	-14.672	38	<.001	<.001	-7.63350	.52027	-8.68672	-6.58028
	等分散を仮定しない			-14.672	36.678	<.001	<.001	-7.63350	.52027	-8.68797	-6.57903

練習問題2

試合後のサッカー選手のインタビューにおけるフィラーの使用状況について検討を行うために，サッカー選手20名のインタビュー動画を収集し，1分間当たりのフィラー「マー」とフィラー「エー」の使用回数を算出した。フィラーの使用回数について，「マー」と「エー」との間に有意な差があるかについて検討しなさい。

番号	マーの使用数	エーの使用数
1	7.27	2.93
2	8.24	4.91
3	2.65	4.06
4	3.53	3.97
5	16.42	4.98
6	17.29	1.69
7	7.50	2.52
8	6.86	1.28
9	15.79	5.35
10	9.73	3.33
⋮	⋮	⋮
18	5.26	1.99
19	3.49	3.70
20	11.35	3.55

js-STARによる対応のある t 検定を行った結果，サッカー選手の「マー」と「エー」の使用回数の間に有意な差が見られた（$t(19) = 5.99, p < .01$）。サッカー選手の場合は，「エー」（$M = 3.60, SD = 1.44$）よりも，「マー」（$M = 9.81, SD = 4.41$）の方が有意に多かった。

[対応のある t 検定(paired t-Test)]

== Mean & S.D. (SDは標本標準偏差) ==

	N	Mean	S.D.
水準1	20	9.81	4.41
水準2	20	3.6	1.44
差	20	6.21	4.52

t(19)= 5.9887 , ** (p<.01)

第3章

1要因の分散分析

3つ以上の母集団の
平均の違いを検定しよう

エン先生からの
事前講義

3つ以上の母集団の平均値に有意な差があるかどうかを検討する際には，**分散分析**が用いられます。分散分析は，**要因数**や**水準数**，**対応の有無**によって分析の手順が異なります。

・**要因**

要因は，独立変数のことです。独立変数が1つある場合は「**1要因の分散分析**」，独立変数が2つある場合は「**2要因の分散分析**」となります。本章では，「例文の種類」という要因のみを取り上げ，1要因の分散分析について解説していきます。また，第4章〜第6章では，2要因の分散分析について解説します。

・**水準**

水準は，各要因におけるカテゴリーのことです。カテゴリー数が2つある場合は「**2水準**」，カテゴリー数が3つある場合は「**3水準**」となります。本章では，3つの例文を取り上げ，3つの例文の間の差について検討するので，要因である「例文の種類」のカテゴリー数は3であり，3水準となります。

・**対応の有無**

分散分析はt検定と同様に，対応の有無によって分類されています。それぞれ異なる調査協力者に対して回答を求める場合は「**参加者間**」（t検定の「対応なし」に該当する），同一の調査協力者に対して回答を求める場合は「**参加者内**」（t検定の「対応あり」に該当する）となります。また，要因が2つ以上の場合には，ある要因は参加者間，別の要因は参加者内となることもあります。その際は「**混合計画**」（参加者間×参加者内）となります（第6章で解説します）。

分散分析は3つ以上の平均値に違いがあるかどうかを検討するので，1要因の分散分析の場合は，水準が必ず3つ以上あります（2つの場合はt検定です）。分散分析は全体において有意な差があるかどうかを検討するものなので，有意な差が見られたとしても，どの水準とどの水準の間に差があったか判断できません。どの水準とどの水準の間に差があるかを確認するために，多重比較を行う必要があります。

※多重比較にはさまざまな方法があります。主な方法としてLSD法，Tukey法，Bonferroni法，Holm法などが挙げられますが，本書ではBonferroni法を採用しています。

1要因の分散分析～参加者間～

例　母語によって文法性判断の得点が異なるかについて検討する。ある文の自然さについて，大学生15名を対象にアンケート調査を行い，7件法で回答を求める。内訳は，日本語母語話者5名，中国語母語話者5名，韓国語母語話者5名である。

ここでは，3つの母語話者グループは異なる母集団となるので，参加者間の分散分析となります。

1要因参加者間の分散分析の例：母語による文法性判断の違い

参加者	要因（母語）	文法性判断の得点
佐藤	水準1（日本語母語話者）	5
鈴木	水準1（日本語母語話者）	4
高橋	水準1（日本語母語話者）	4
田中	水準1（日本語母語話者）	6
伊藤	水準1（日本語母語話者）	5
張	水準2（中国語母語話者）	2
王	水準2（中国語母語話者）	3
劉	水準2（中国語母語話者）	3
陳	水準2（中国語母語話者）	2
楊	水準2（中国語母語話者）	3
朴	水準3（韓国語母語話者）	3
金	水準3（韓国語母語話者）	3

李	水準 3（韓国語母語話者）	4
鄭	水準 3（韓国語母語話者）	1
崔	水準 3（韓国語母語話者）	2

1 要因の分散分析～参加者内～

例 文の文法性判断の得点の違いについて検討する。3 つの例文の自然さについて，日本語母語話者 15 名に対してアンケート調査を行い，7 件法で回答を求める。

ここでは，同一の調査協力者に対して，すべての例文について回答を求めるので，参加者内の分散分析となります。

1 要因参加者内の分散分析の例：例文による文法性判断の違い

参加者	要因（例文の種類）		
	水準 1（例文 A）	水準 2（例文 B）	水準 3（例文 C）
佐藤	4	5	2
鈴木	5	4	1
高橋	5	4	2
田中	6	6	3
伊藤	4	5	3
渡辺	5	2	4
山本	4	3	3
中村	4	3	2
小林	5	2	2
加藤	3	3	2
吉田	4	3	3
山田	3	3	1
佐々木	3	4	2
山口	6	1	2
松本	5	2	1

3.1 1要因の分散分析
～参加者間～

研究課題

- ☑ 3つの例文の自然さの判断に，有意な差があるか分析する。
- ☑ 3つのグループの対象者に調査して，それぞれの例文の平均値の差を検定する。

2つのグループの平均値に差があるかどうかを検討する場合は，*t* 検定を用いますが，3つ以上の平均値の差を検討する場合は，どうすればいいですか？　例えば，次の3つの例文の文法性判断についてアンケート調査を行いました。

日本語母語話者30名をそれぞれ10名ずつ，3つのグループに分けて，文法性判断に関するアンケート調査を行った。3つの例文（例文A，例文B，例文C）の自然さについて，1つ目のグループには例文Aについて，2つ目のグループには例文Bについて，3つ目のグループには例文Cについて，7件法（7とても自然－6自然－5やや自然－4どちらとも言えない－3やや不自然－2不自然－1全く不自然）で回答を求めた。

例文A：太郎は羊を飼っている。花子はこの羊にえさをやる。

例文B：太郎は羊をたくさん飼っている。この羊たちにえさをやるのが花子の仕事だ。

例文C：太郎は羊を飼っていて，それを育てて売ることで生計を立てている。花子はこの羊にえさをやる。

それぞれの平均値と標準偏差を算出した結果，例文 A の平均値は 3.50（$SD = 0.85$），例文 B は 4.50（$SD = 0.85$），例文 C は 2.50（$SD = 0.85$）でした。つまり，例文 B が最も自然，次が例文 A，例文 C と続きますね。

そうですね。でも，統計的に意味がある差なのかは，検定をしてみないとわかりませんね。今回は，例文によって自然さの得点の結果が異なるかについて検討したので，要因は「例文の種類」となり，**1 要因の分散分析**となります。また，3 つの例文があるので，**水準数は 3** となります。さらに，各水準の調査協力者は異なる人なので，**参加者間の分散分析**となります。

課題 1

前述の 3 つの例文（例文 A，例文 B，例文 C）の自然さについて，日本語母語話者 30 名をそれぞれ 10 名ずつ，3 つのグループに分けて，1 つ目のグループには例文 A について，2 つ目のグループには例文 B について，3 つ目のグループには例文 C について，7 件法で回答を求め，以下のようなデータを収集した。3 つの例文の得点の平均値には有意な差があるかについて検討しなさい。

番号	例文	得点
1	1	3
2	1	4
3	1	2
4	1	4
5	1	4

6	1	4
7	1	3
8	1	3
9	1	3
10	1	5
⋮	⋮	⋮
28	3	3
29	3	3
30	3	3

注）「例文」について，例文 A を 1，例文 B を 2，例文 C を 3 とする。

SPSS による 1 要因の分散分析（参加者間）の方法

1． SPSS を起動し，Excel ファイルからデータを読み込む。データが読み込まれると，以下のような画面が表示される。

	番号	例文	得点	var
1	1.00	1.00	3.00	
2	2.00	1.00	4.00	
3	3.00	1.00	2.00	
4	4.00	1.00	4.00	
5	5.00	1.00	4.00	
6	6.00	1.00	4.00	
7	7.00	1.00	3.00	
8	8.00	1.00	3.00	
9	9.00	1.00	3.00	
10	10.00	1.00	5.00	
11	11.00	2.00	4.00	

2．［**変数 ビュー**］を開き，各変数の［**値**］と［**尺度**］を設定する。

・**値**：例文における［**値**］について，例文 A を「1」，例文 B を「2」，例文 C を「3」とする。

・**尺度**：番号と例文を「名義」，得点を「スケール」とする。

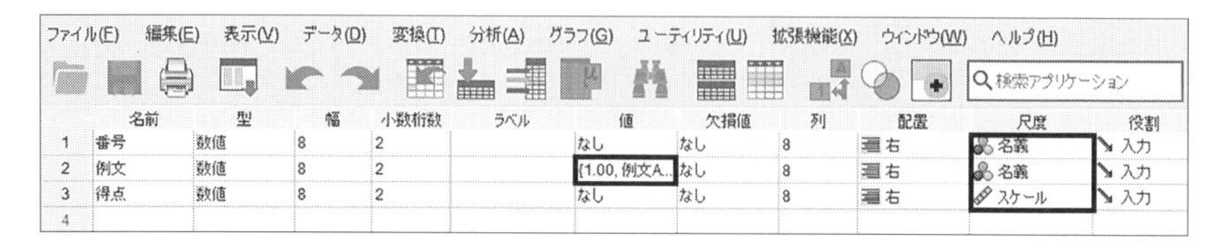

3．1 要因の分散分析（参加者間）を実行する。

(1)［**分析（A）**］→［**平均値と比率の比較**］→［**一元配置分散分析（O）...**］

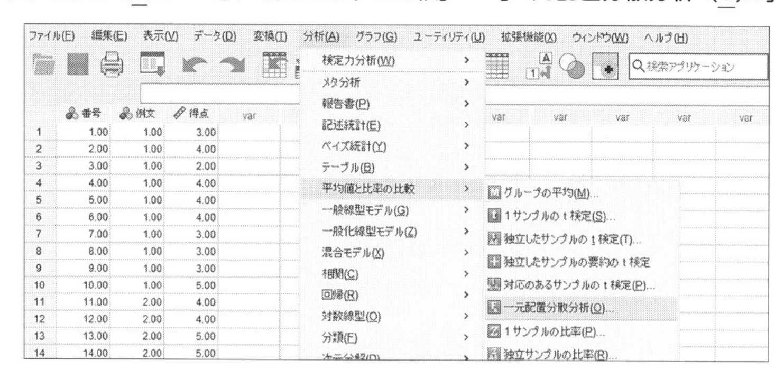

(2) 画面の中央にある矢印を用いて，得点を［**従属変数リスト（E）**］，例文を［**因子（F）**］に移動させる。

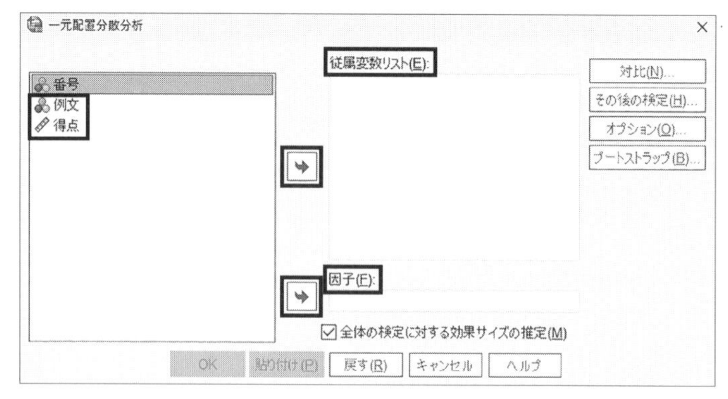

↓

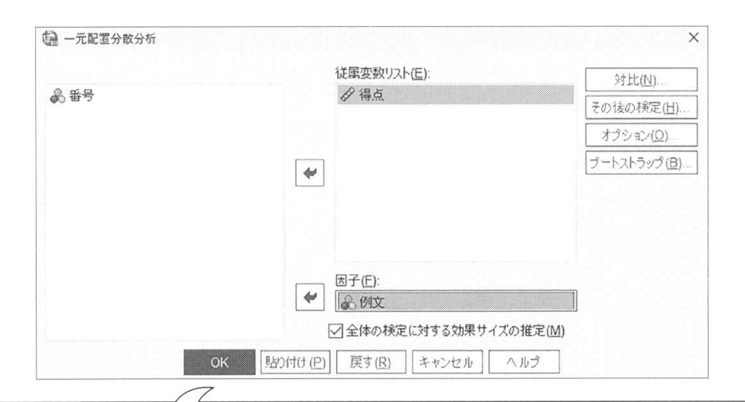

「従属変数リスト」と「因子」

例文の種類によって得点が異なるかを検定するので，例文の種類は要因（因子）であり，得点が結果（従属変数）である。

(3) ［**その後の検定（H)...**］をクリックすると，以下のような画面が表示される。［**Bonferroni（B)**］にチェックを入れ，［**続行**］をクリックする。

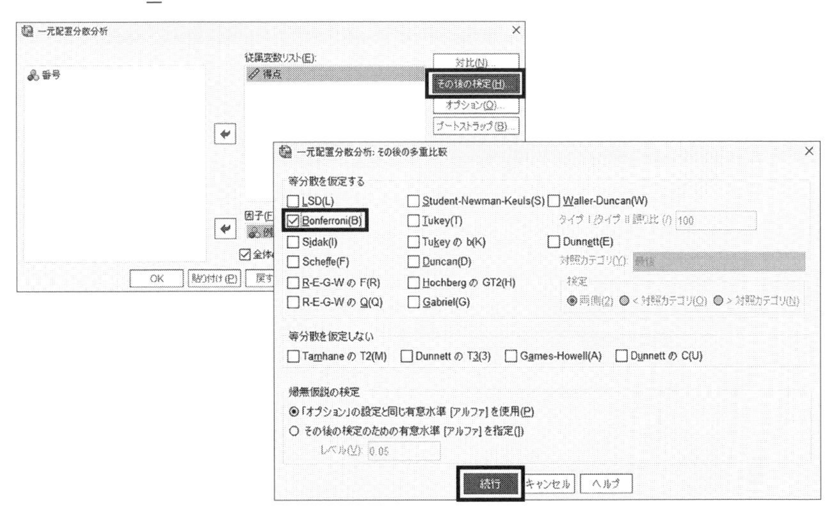

(4)［**オプション（<u>O</u>)...**］をクリックすると，以下のような画面が表示される。［**記述統計量（<u>D</u>)**］にチェックを入れ，［**続行**］をクリックする。

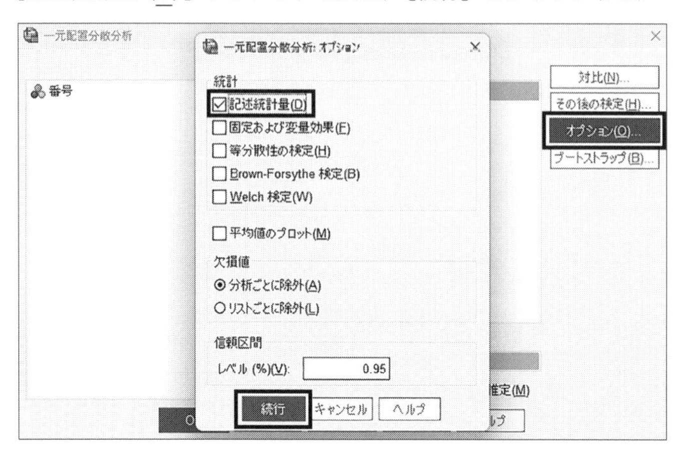

(5)［**OK**］をクリックする。

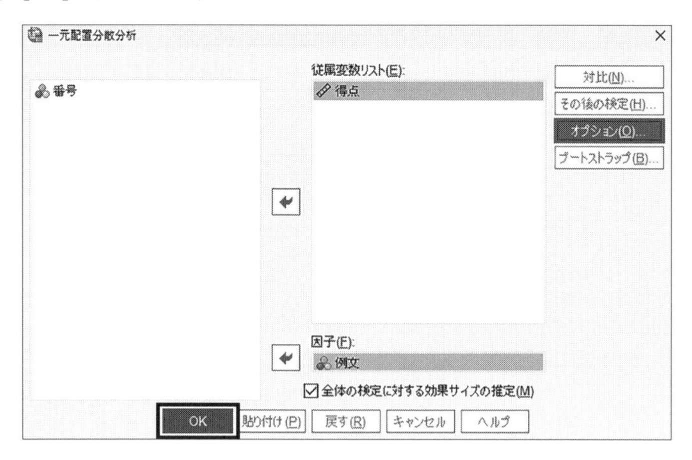

結果の見方

●各水準の記述統計量：

例文 A の平均値は 3.50（SD = 0.85），例文 B の平均値は 4.50（SD = 0.85），例文 C の平均値は 2.50（SD = 0.85）であった。

記述統計

得点

	度数	平均値	標準偏差	標準誤差	平均値の 95% 信頼区間 下限	平均値の 95% 信頼区間 上限	最小値	最大値
例文A	10	3.5000	.84984	.26874	2.8921	4.1079	2.00	5.00
例文B	10	4.5000	.84984	.26874	3.8921	5.1079	3.00	6.00
例文C	10	2.5000	.84984	.26874	1.8921	3.1079	1.00	4.00
合計	30	3.5000	1.16708	.21308	3.0642	3.9358	1.00	6.00

●1 要因の分散分析（参加者間）の結果：

分散分析を行った結果，$F(2, 27) = 13.85, p < .01$ であり，3 つの例文の平均値には有意な差が見られた。

$$F(2, 27) = 13.85,\ p < .01$$

自由度：(2, 27)　F 値：13.85　有意確率：$p < .01$

2 つの自由度について

自由度は（①グループ間の自由度，②グループ内の自由度）で表す。

①グループ間の自由度：グループの数（水準数）−1 = 3−1 = 2

②グループ内の自由度：各グループの「データ数 −1」の合計 = (10−1) + (10−1) + (10−1)
= 27

分散分析

得点

	平方和	自由度	平均平方	F 値	有意確率
グループ間	20.000	2	10.000	13.846	<.001
グループ内	19.500	27	.722		
合計	39.500	29			

● **多重比較の結果：**

Bonferroni 法による多重比較を行ったところ，すべてのグループの間に有意な差が見られた。

多重比較

従属変数: 得点
Bonferroni

(I) 例文	(J) 例文	平均値の差 (I-J)	標準誤差	有意確率	95% 信頼区間 下限	95% 信頼区間 上限
例文A	例文B	-1.00000*	.38006	.042	-1.9701	-.0299
	例文C	1.00000*	.38006	.042	.0299	1.9701
例文B	例文A	1.00000*	.38006	.042	.0299	1.9701
	例文C	2.00000*	.38006	<.001	1.0299	2.9701
例文C	例文A	-1.00000*	.38006	.042	-1.9701	-.0299
	例文B	-2.00000*	.38006	<.001	-2.9701	-1.0299

*. 平均値の差は 0.05 水準で有意です。

js-STAR による 1 要因の分散分析（参加者間）の方法

1. js-STAR のホームページを開くと，以下のような画面が表示される。
［**As（1 要因参加者間）**］をクリックする。

js-STAR XR+ release 1.6.0 j　Programing by Satoshi Tanaka & nappa(Hiroyuki Nakano)

★彡 お知らせ
- TOP
- What's new!
- 動作確認・バグ状況

★彡 各種分析ツール

度数の分析
- 1×2表(正確二項検定)
- 1×2表：母比率不等
- 1×J表(カイ二乗検定)
- 2×2表(Fisher's exact test)
- i×J表(カイ二乗検定)
- 2×2×K表(層化解析)
- i×J×K表(3元モデル選択)
- i×J×K×L表(4元モデル選択)
- 自動評価判定1×2(グレード付与)
- 自動集計検定2×2(連関の探索)
- 対応のある度数の検定

t 検定
- t 検定(参加者間) / ノンパラ
- t 検定(参加者内) / ノンパラ

分散分析
- As(1要因参加者間)
- sA(1要因参加者内)
- ABs(2要因参加者間)

TOP

■ すばやいデータ分析を可能にする，ブラウザで動く，フリーの統計ソフト！

js-STARは，わかりやすいインターフェースとかんたんな操作により，驚くほどすばやくデータ分析ができる，無償の統計ソフトです。
ブラウザ上で動作するため，WindowsでもMacでも使用できます。

動作確認は，Windows10 + GoogleChrome で行っています。

・ダウンロード はこちらです。
・第XR版（js-STAR ver 10）はこちらです。
・スマホ版はこちらです。

■ XR＋の充実した機能！！

表計算ソフトや統計ソフトRとの連携もでき，かゆいところに手が届くデータ加工やjs-STARではできない高度な分析も可能にしています。

- 表計算ソフトのデータを，テキストエリアやセルに，かんたんに貼り付け
- データ加工を助ける各種ユーティリティ
- ほとんどのツールで，分析に必要なRプログラムを出力
- Rプログラムは，計算結果の読み取りとレポート作成を自動化
- Rプログラムは，ベイズファクタ分析に対応
- 図や数値を操作して統計の理解を深める各種シミュレーション

2. 要因名，水準数，各水準の調査協力者数を入力する。

・**［要因名］**に「例文」を入力する。要因名は，設定せずにそのままでも構わない。

・**［水準数］**に「3」を入力する。今回は3つの例文があるので，3水準となる。

・各水準の参加者数はそれぞれ10名なので，**［水準1　参加者数］**，**［水準2　参加者数］**，**［水準3　参加者数］**にそれぞれ「10」を入力する。

Ａｓデザイン（１要因参加者間計画）／ KW検定
メイン　データ形式　グラフ　説明
データ
読込　保存　消去　シミュレーション
要因名：例文
水準数：3
水準1 参加者数：10
水準2 参加者数：10
水準3 参加者数：10
群　参加者　データ
1

3. **［代入］**を用いてデータを一括入力する。

分析に用いるデータを以下の空欄に貼り付け，**［代入］**ボタンをクリックする。

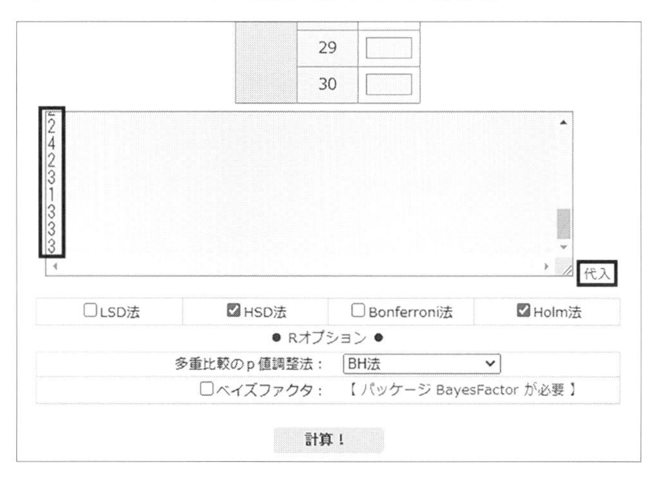

4. 多重比較法の種類を選択する。**［Bonferroni 法］**にチェックを入れる。

29	3
30	3

☐LSD法	☐HSD法	☑Bonferroni法	☐Holm法

● Rオプション ●

多重比較の p 値調整法：	BH法
☐ベイズファクタ：	【 パッケージ BayesFactor が必要 】

計算！

5. **［計算！］**をクリックする。

結果の見方

●各水準の記述統計量および分散分析の結果：

3つの例文の平均値には有意な差が見られた（$F(2, 27) = 13.85, p < .01$）。

== Mean & S.D. (SDは標本標準偏差) ==

A= 例文

A	N	Mean	S.D.
1	10	3.5000	0.8062
2	10	4.5000	0.8062
3	10	2.5000	0.8062

== Analysis of Variance ==

S.V	SS	df	MS	F
A	20.0000	2	10.0000	13.85 **
subj	19.5000	27	0.7222	
Total	39.5000	29	+p<.10 *p<.05 **p<.01	

● **多重比較の結果：**

例文Bの平均値が最も高く，次に例文Aが続き，最後は例文Cであった。

```
== Multiple Comparisons by Bonferroni ==

(MSe=       0.7222, * p<.05 , alpha'= 0.0167)
--------------------------------------------------
 A1  <  A2   *     (BONF=       0.9699)
 A1  >  A3   *     (BONF=       0.9699)
 A2  >  A3   *     (BONF=       0.9699)
--------------------------------------------------
```

課題 1：結果の記述方法例

３つの例文（例文 A，例文 B，例文 C）の自然さには統計的に有意な差があるかどうかを検討するために，１要因３水準の参加者間の分散分析を行った。その結果，要因の効果が見られた（$F(2, 27) = 13.85$, $p < .01$）。Bonferroni 法による多重比較を行ったところ，例文 B の得点の平均値（$M = 4.50$, $SD = 0.85$）が最も高く，次に例文 A（$M = 3.50$, $SD = 0.85$）が続き，最後は例文 C（$M = 2.50$, $SD = 0.85$）であった。

3.2 1要因の分散分析 ～参加者内～

研究課題

- ☑ 3つの例文の自然さの判断に，有意な差があるか分析する。
- ☑ 同じ対象者に，3つの例文を調査する。

今回は，課題1の3つの例文（例文A，例文B，例文C）の自然さの得点について，同じ調査協力者10名に対してアンケート調査を行いました。

その結果は？

それぞれの平均値と標準偏差を算出した結果，例文Aの平均値は3.50（*SD* = 0.85），例文Bの平均値は4.80（*SD* = 0.92），例文Cの平均値は2.60（*SD* = 0.97）でした。やっぱり，例文Bが最も自然，次は例文A，例文Cと続きますね。

今回のように，同じ対象者に対して調査を行ってデータを収集した場合は，**参加者内の分散分析**を使います。

課題 1 の 3 つの例文（例文 A，例文 B，例文 C）の自然さについて，日本語母語話者 10 名に対して 7 件法で回答を求め，以下のようなデータを収集した。3 つの例文の得点の平均値には有意な差があるかについて検討しなさい。

番号	例文 A	例文 B	例文 C
1	3	5	2
2	4	5	3
3	2	4	2
4	4	6	3
5	4	5	4
6	4	3	1
7	3	6	2
8	3	4	4
9	3	5	2
10	5	5	3

SPSSによる1要因の分散分析（参加者内）の方法

1． SPSSを起動し，Excelファイルからデータを読み込む。読み込む前に，Excelファイルのデータを右のように並び替える。データが読み込まれると，以下のような画面が表示される。

番号	例文	得点
1	1	3
1	2	5
1	3	2
2	1	4
2	2	5
2	3	3
⋮	⋮	⋮
10	1	5
10	2	5
10	3	3

1番目の協力者のデータ（番号1の行）
2番目の協力者のデータ（番号2の行）
10番目の協力者のデータ（番号10の行）

注）「例文」について，例文Aを1，例文Bを2，例文Cを3とする。

［1変量（U)...］（手順3（1））を用いて分析するために，Excelデータ上の「得点」が3列になっているのを1列に修正する必要がある。

ファイル(F)　編集(E)　表示(V)　データ(D)　変換

	番号	例文	得点	var
1	1.00	1.00	3.00	
2	1.00	2.00	5.00	
3	1.00	3.00	2.00	
4	2.00	1.00	4.00	
5	2.00	2.00	5.00	
6	2.00	3.00	3.00	
7	3.00	1.00	2.00	
8	3.00	2.00	4.00	
9	3.00	3.00	2.00	
10	4.00	1.00	4.00	
11	4.00	2.00	6.00	

2．［**変数ビュー**］を開き，各変数の［**値**］と［**尺度**］を設定する。

・**値**：例文における［**値**］について，例文Aを「1」，例文Bを「2」，例文Cを「3」とする。

・**尺度**：番号と例文を「名義」，得点を「スケール」とする。

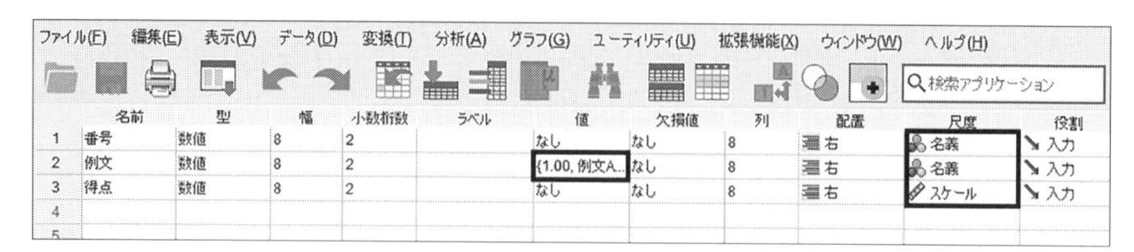

ファイル(F)　編集(E)　表示(V)　データ(D)　変換(T)　分析(A)　グラフ(G)　ユーティリティ(U)　拡張機能(X)　ウィンドウ(W)　ヘルプ(H)

	名前	型	幅	小数桁数	ラベル	値	欠損値	列	配置	尺度	役割
1	番号	数値	8	2		なし	なし	8	右	名義	入力
2	例文	数値	8	2		{1.00, 例文A...	なし	8	右	名義	入力
3	得点	数値	8	2		なし	なし	8	右	スケール	入力
4											
5											

3． 1要因の分散分析（参加者内）を実行する。

(1)［分析（A）］→［一般線型モデル（G）］→［1 変量（U)…］

(2) 画面の中央にある矢印を用いて，「得点」を［**従属変数（D）**］に，「例文」を［**固定因子（F）**］に，「番号」を［**変量因子（A）**］に移動させる。

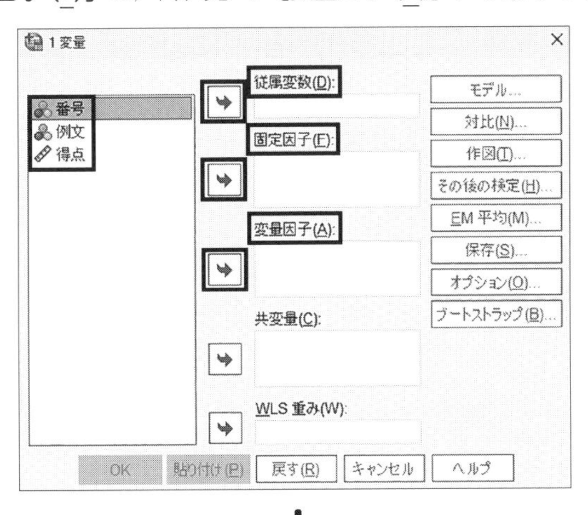

↓

「固定因子」と「変量因子」

「固定因子」は操作できる変数，「変量因子」は操作できない変数（サンプリングされたランダムな因子）のことである。

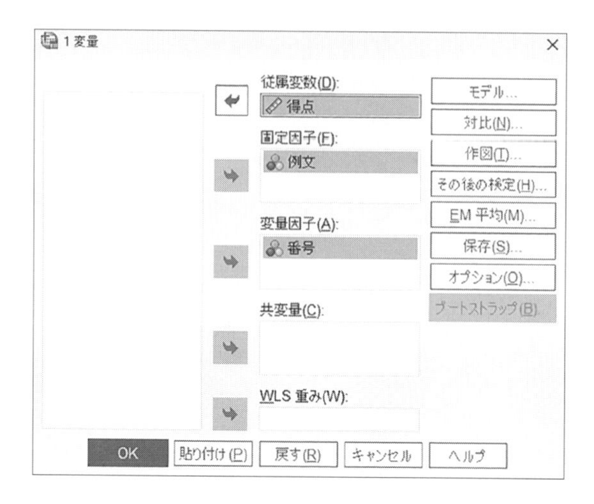

(3) ［**モデル...**］をクリックすると，以下のような画面が表示される。［**項の構築(B)**］にチェックを入れる。

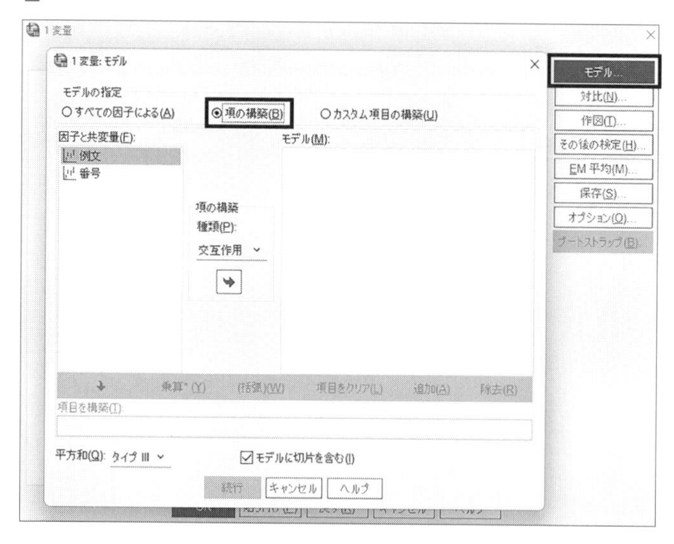

(4) ［**種類(P)**］を「主効果」にしたうえで，画面の中央にある矢印を用いて，［**因子と共変量(F)**］にある2つの変数（例文，番号）を［**モデル(M)**］に移動させる。［**続行**］をクリックする。

(5) ［**その後の検定 (H)...**］をクリックすると，以下のような画面が表示される。画面の中央にある矢印を用いて，［**因子 (F)**］にある「例文」を［**その後の検定 (P)**］に移動させ，［**Bonferroni(B)**］にチェックを入れる。［**続行**］をクリックする。

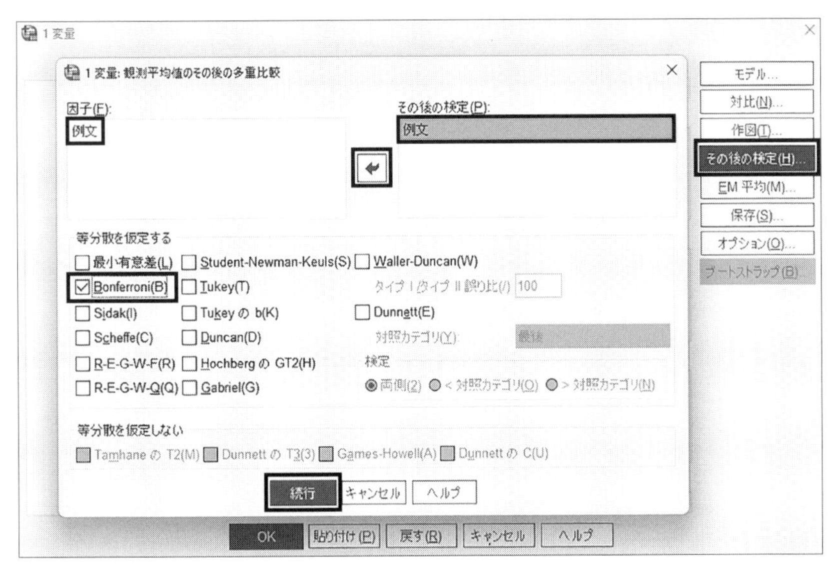

(6) [EM 平均 (M)...] をクリックすると，以下のような画面が表示される。画面の中央にある矢印を用いて，「例文」を [**平均値の表示 (M)**] に移動させる。また，[**主効果の比較 (O)**] にチェックを入れ，[**Bonferroni**] 法を選択する。[**続行**] をクリックする。

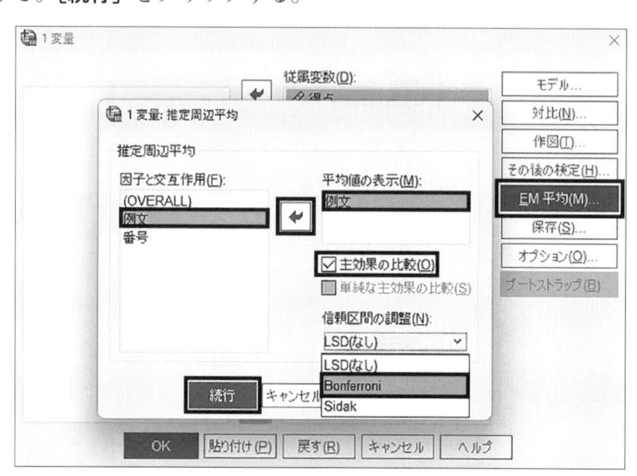

(7) [**オプション (O)...**] をクリックすると，以下のような画面が表示される。[**記述統計 (D)**] にチェックを入れ，[**続行**] をクリックする。

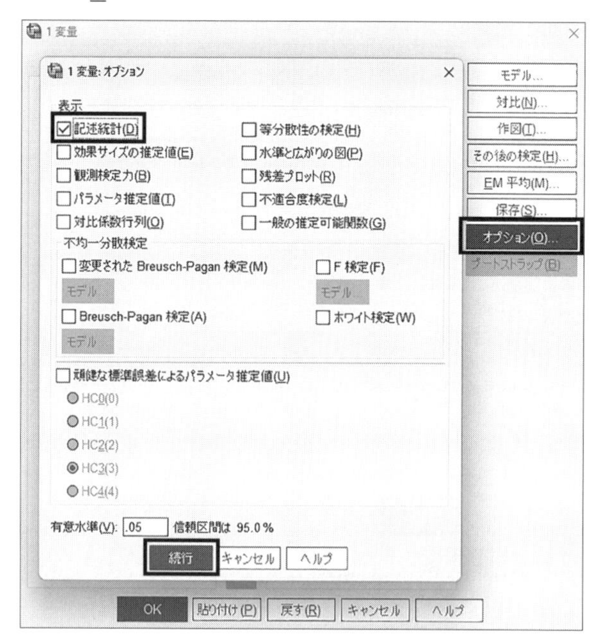

(8)［OK］をクリックする。

結果の見方

● 各水準の記述統計量：

例文 A の得点の平均値は 3.50（SD = 0.85），例文 B は 4.80（SD = 0.92），例文 C は 2.60（SD = 0.97）であった。

記述統計

従属変数: 得点

例文	番号	平均値	標準偏差	度数
例文A	1.00	3.0000	.	1
	2.00	4.0000	.	1
	3.00	2.0000	.	1
	4.00	4.0000	.	1
	5.00	4.0000	.	1
	6.00	4.0000	.	1
	7.00	3.0000	.	1
	8.00	3.0000	.	1
	9.00	3.0000	.	1
	10.00	5.0000	.	1
	総和	3.5000	.84984	10
例文B	1.00	5.0000	.	1
	2.00	5.0000	.	1
	3.00	4.0000	.	1
	4.00	6.0000	.	1
	5.00	5.0000	.	1
	6.00	3.0000	.	1
	7.00	6.0000	.	1
	8.00	4.0000	.	1
	9.00	5.0000	.	1
	10.00	5.0000	.	1
	総和	4.8000	.91894	10
例文C	1.00	2.0000	.	1
	2.00	3.0000	.	1
	3.00	2.0000	.	1
	4.00	3.0000	.	1
	5.00	4.0000	.	1
	6.00	1.0000	.	1
	7.00	2.0000	.	1
	8.00	4.0000	.	1
	9.00	2.0000	.	1
	10.00	3.0000	.	1
	総和	2.6000	.96609	10
総和	1.00	3.3333	1.52753	3
	2.00	4.0000	1.00000	3
	3.00	2.6667	1.15470	3
	4.00	4.3333	1.52753	3
	5.00	4.3333	.57735	3
	6.00	2.6667	1.52753	3
	7.00	3.6667	2.08167	3
	8.00	3.6667	.57735	3
	9.00	3.3333	1.52753	3
	10.00	4.3333	1.15470	3
	総和	3.6333	1.27261	30

●1 要因の分散分析（参加者内）の結果：

分散分析を行った結果，$F(2, 18) = 19.09, p < .01$ であり，3 つの例文の平均値には有意な差が見られた。

$$F(2, 18) = 19.09, p < .01$$

自由度 ―― (2, 18)　F 値 ―― 19.09　有意確率 ―― p < .01

被験者間効果の検定

従属変数: 得点

ソース		タイプ III 平方和	自由度	平均平方	F 値	有意確率
切片	仮説	396.033	1	396.033	325.012	<.001
	誤差	10.967	9	1.219[a]		
例文	仮説	24.467	2	12.233	19.092	<.001
	誤差	11.533	18	.641[b]		
番号	仮説	10.967	9	1.219	1.902	.118
	誤差	11.533	18	.641[b]		

a. MS(番号)

b. MS(誤差)

●多重比較の結果：

Bonferroni 法による多重比較を行ったところ，例文 A と例文 B の間に，例文 B と例文 C の間に有意な差が見られたが，例文 A と例文 C の間には有意な差が見られなかった。

多重比較

従属変数: 得点

Bonferroni

(I) 例文	(J) 例文	平均値の差 (I-J)	標準誤差	有意確率	95% 信頼区間 下限	95% 信頼区間 上限
例文A	例文B	-1.3000*	.35798	.006	-2.2448	-.3552
	例文C	.9000	.35798	.065	-.0448	1.8448
例文B	例文A	1.3000*	.35798	.006	.3552	2.2448
	例文C	2.2000*	.35798	<.001	1.2552	3.1448
例文C	例文A	-.9000	.35798	.065	-1.8448	.0448
	例文B	-2.2000*	.35798	<.001	-3.1448	-1.2552

観測平均値に基づいています。

誤差項は平均平方 (誤差) = .641 です。

*. 平均値の差は .05 水準で有意です。

js-STAR による 1 要因の分散分析（参加者内）の方法

1. js-STAR のホームページを開くと，以下のような画面が表示される。
　[sA（1 要因参加者内）] をクリックする。

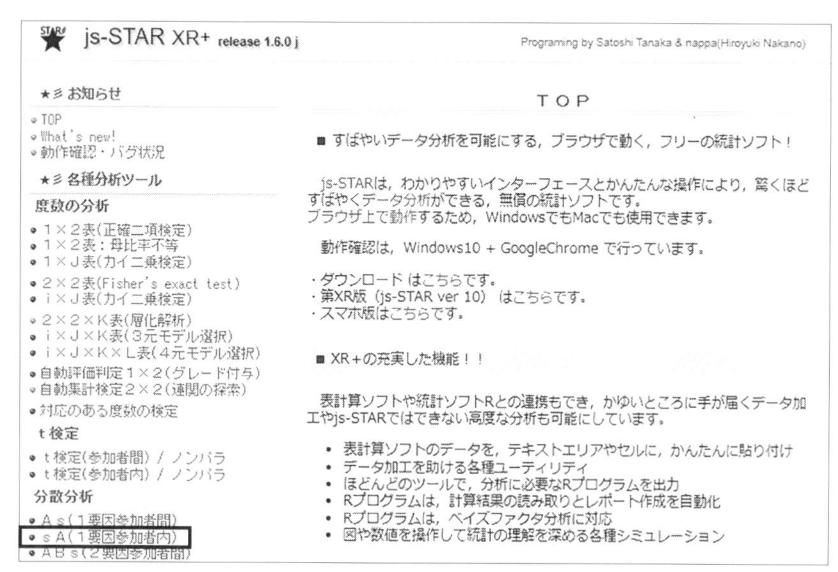

2. 参加者数，要因名，水準数を入力する。
　・**[参加者数]** に「10」を入力する。
　・**[要因名]** に「例文」を入力する。
　・**[水準数]** に「3」を入力する。

sAデザイン（1要因参加者内計画）

メイン　データ形式　グラフ　説明

データ

読込　保存　消去　　シミュレーション

参加者数：10
要因名：例文
水準数：3

参加者	水準1	水準2	水準3
1			
2			

3．［代入］を用いてデータを一括入力する。

分析に用いるデータを以下の空欄に貼り付け，［代入］ボタンをクリックする。

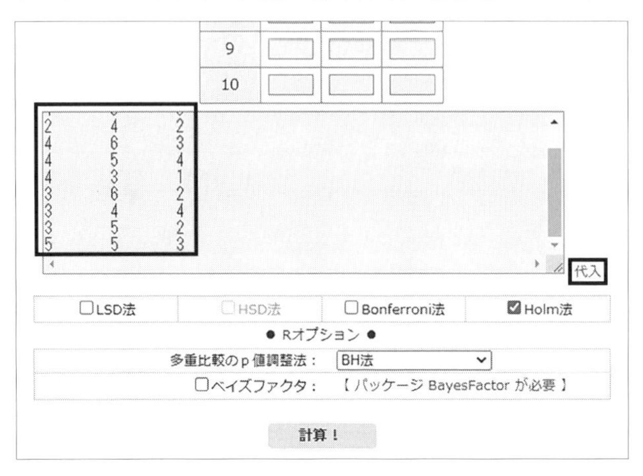

4．多重比較法の種類を選択する。［Bonferroni 法］にチェックを入れる。

9	3	5	2
10	5	5	3

LSD法　HSD法　Bonferroni法　Holm法

● Rオプション ●

多重比較のp値調整法：BH法

ベイズファクタ：【パッケージ BayesFactor が必要】

計算！

5．［計算！］をクリックする。

結果の見方

●各水準の記述統計量および分散分析の結果：

３つの例文の得点の平均値には有意な差が見られた（$F(2, 18) = 19.09, p < .01$）。

```
== Mean & S.D. ( SDは標本標準偏差 ) ==
 A= 例文
--------------------------------------------------------
A       N              Mean               S.D.
--------------------------------------------------------
1       10          3.5000             0.8062
2       10          4.8000             0.8718
3       10          2.6000             0.9165
--------------------------------------------------------

== Analysis of Variance ==
S.V        SS        df         MS        F
-------------------------------------------------------
subj       10.9667    9          1.2185
-------------------------------------------------------
 A         24.4667    2         12.2333  19.09 **
sxA        11.5333   18          0.6407
-------------------------------------------------------
Total      46.9667   29    +p<.10 *p<.05 **p<.01
```

●多重比較の結果：

Bonferroni 法による多重比較を行ったところ，例文Ｂは，例文Ａと例文Ｃよりも自然さの得点が高かったが，例文Ａと例文Ｃの間に有意な差が見られなかった。

```
== Multiple Comparisons by Bonferroni ==
(MSe=      0.6407, * p<.05 , alpha'= 0.0167)
(BONF=     0.9447)
-------------------------------------------------------
A1  <  A2   *
A1  =  A3  n.s.
A2  >  A3   *
-------------------------------------------------------
```

課題 2：結果の記述方法例

３つの例文（例文 A，例文 B，例文 C）の自然さに統計的に差があるかどうかを検討するために，１要因３水準の参加者内の分散分析を行った。その結果，要因の効果が見られた（$F(2, 18) = 19.09$, $p < .01$）。Bonferroni 法による多重比較を行ったところ，例文 A（$M = 3.50$, $SD = 0.85$）と例文 C（$M = 2.60$, $SD = 0.97$）よりも，例文 B（$M = 4.80$, $SD = 0.92$）の自然さの得点の方が有意に高かったが，例文 A と例文 C の間には有意な差が見られなかった。

練習問題1

母語によるフィラー「エー」の使用状況の違いについて検討を行うため，日本語母語話者20名，韓国語母語話者20名，中国語母語話者20名，計60名の「エー」に関するデータを収集し，「エー」の使用率を算出した。母語によって「エー」の使用率の平均値には有意な差があるかについて検討しなさい。

番号	母語	エーの使用率
1	1	0.88
2	1	2.48
3	1	2.09
4	1	1.82
5	1	0.47
6	1	1.11
7	1	1.37
8	1	1.21
9	1	0.72
10	1	1.46
⋮	⋮	⋮
58	3	0.39
59	3	0.76
60	3	0.23

注）「母語」について，日本語母語話者を1，韓国語母語話者を2，中国語母語話者を3とする。

解答

SPSSによる1要因3水準の参加者間の分散分析を行った結果，要因の効果が見られた（$F(2, 57) = 25.42$, $p < .01$）。Bonferroni法による多重比較を行ったところ，中国語母語話者（$M = 0.39$, $SD = 0.26$）の「エー」の使用率が最も低く，日本語母語話者（$M = 1.37$, $SD = 0.61$）と韓国語母語話者（$M = 1.58$, $SD = 0.72$）の間には有意な差が見られなかった。

記述統計

エーの使用率

	度数	平均値	標準偏差	標準誤差	平均値の 95% 信頼区間 下限	平均値の 95% 信頼区間 上限	最小値	最大値
日本語	20	1.3675	.60668	.13566	1.0836	1.6514	.47	2.48
韓国語	20	1.5830	.71635	.16018	1.2477	1.9183	.32	2.56
中国語	20	.3925	.26141	.05845	.2702	.5149	.00	.78
合計	60	1.1143	.76064	.09820	.9179	1.3108	.00	2.56

分散分析

エーの使用率

	平方和	自由度	平均平方	F 値	有意確率
グループ間	16.094	2	8.047	25.424	<.001
グループ内	18.042	57	.317		
合計	34.136	59			

多重比較

従属変数: エーの使用率

Bonferroni

(I) 母語	(J) 母語	平均値の差 (I-J)	標準誤差	有意確率	95% 信頼区間 下限	95% 信頼区間 上限
日本語	韓国語	-.21550	.17791	.692	-.6543	.2233
	中国語	.97495*	.17791	<.001	.5361	1.4138
韓国語	日本語	.21550	.17791	.692	-.2233	.6543
	中国語	1.19045*	.17791	<.001	.7516	1.6293
中国語	日本語	-.97495*	.17791	<.001	-1.4138	-.5361
	韓国語	-1.19045*	.17791	<.001	-1.6293	-.7516

*. 平均値の差は 0.05 水準で有意です。

練習問題 2

日本語母語話者20名を対象に文法性判断に関するアンケート調査を行った。以下の3つの例文（例文D，例文E，例文F）の自然さについて，7件法で回答を求めた。3つの例文の得点の平均値には有意な差があるかについて検討しなさい。

例文 D：太郎は車を持っている。花子はこの車をぴかぴかに磨く。

例文 E：太郎は車を売る仕事をしている。花子はこの車をぴかぴかに磨く。

例文 F：太郎は車を売る仕事をしている。この車をぴかぴかに磨くのが花子の仕事だ。

番号	例文 D	例文 E	例文 F
1	3	3	3
2	4	3	4
3	3	3	4
4	2	2	3
5	4	2	5
6	3	5	4
7	5	1	4
8	4	2	2
9	4	3	4
10	2	2	4
⋮	⋮	⋮	⋮
18	4	3	2
19	4	2	3
20	3	1	4

解答

js-STAR による 1 要因 3 水準の参加者内の分散分析を行った結果，要因の効果が見られた（$F(2, 38) = 5.19$, $p < .05$）。Bonferroni 法による多重比較を行ったところ，例文 E（$M = 2.70$, $SD = 1.14$）よりも，例文 F（$M = 3.85$, $SD = 1.01$）の自然さの得点の方が有意に高かった。また，例文 D（$M = 3.20$, $SD = 1.21$）と例文 E との間，例文 D と例文 F との間には有意な差が見られなかった。

```
== Mean & S.D. ( SDは標本標準偏差 ) ==

 A= 例文
-------------------------------------------------------------
A        N                  Mean                S.D.
-------------------------------------------------------------
1        20             3.2000              1.2083
2        20             2.7000              1.1446
3        20             3.8500              1.0137
-------------------------------------------------------------


== Analysis of Variance ==

S.V          SS          df          MS          F
-------------------------------------------------------------
subj         27.2500     19          1.4342
-------------------------------------------------------------
 A           13.3000      2          6.6500      5.19  *
sxA          48.7000     38          1.2816
-------------------------------------------------------------
Total        89.2500     59     +p<.10 *p<.05 **p<.01


== Multiple Comparisons by Bonferroni ==

(MSe=        1.2816, * p<.05 , alpha'= 0.0167)
(BONF=       0.8968)
-------------------------------------------------------------
 A1  =  A2  n.s.
 A1  =  A3  n.s.
 A2  <  A3   *
-------------------------------------------------------------
```

第4章

2要因の分散分析

（参加者間）

参加者間で2要因の
平均の違いを検定しよう

エン先生からの 事前講義

要因（独立変数）が２つあり，２つの要因の組み合わせで１つの従属変数を説明する場合には，**２要因の分散分析**を使います。２要因の分散分析は，交互作用の有無によって分析手順が異なります。

1. ２つの要因の交互作用を確認する。

交互作用とは，２つの要因を組み合わせることによって得られた効果のことです。例えば，母語（日本語母語話者，中国語母語話者，韓国語母語話者）と性別（男性，女性）による文法性判断の違いについて検討を行います。ここでは，独立変数（要因）は母語と性別，従属変数は文法性判断の得点となります。２つの要因の交互作用は，母語あるいは性別だけで説明することができず，２つの要因を組み合わせることで初めて見られる効果です。

2. 交互作用が見られた場合には，単純主効果を確認する。

・単純主効果とは，ある要因のある特定の水準におけるもう一方の要因の主効果のことです。上の例では，男性における母語の効果，日本語母語話者における性別の効果などです。

・単純主効果が見られた場合には，必要（水準数が３つ以上）に応じて多重比較を行います。例えば，男性における母語の単純主効果が見られた場合には，母語は３水準（日本語母語話者，中国語母語話者，韓国語母語話者）からなるので，多重比較を行って，どの水準とどの水準の間に有意な差が見られたかを確認する必要があります。一方，日本語母語話者における性別の単純主効果が見られた場合には，性別は２水準（男性，女性）となり，どちらかが高ければ，必ずもう一方が低いので，多重比較を行う必要はありません。

3. 交互作用が見られなかった場合には，各要因の主効果を確認する。

・主効果とは，各要因が単独に従属変数に及ぼす効果のことです。母語×性別の交互作用が見られなかった場合には，母語と性別のそれぞれの文法性判断の得点への効果を確認します。

・主効果が見られた場合には，必要（水準数が３つ以上）に応じて多重比較を行います。前述のように，母語に関しては，３水準からなるので，多重比較を行う必要があります。

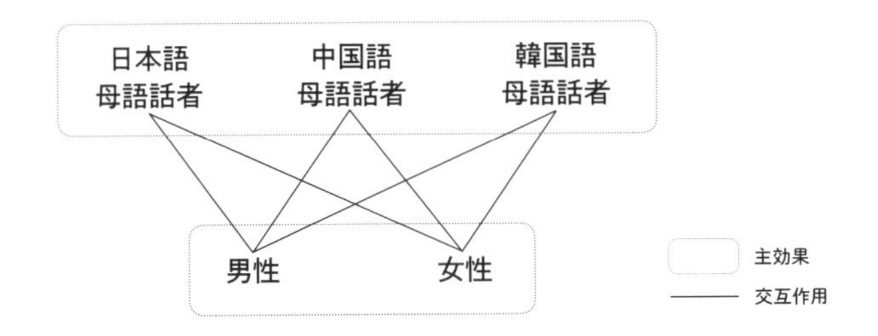

２要因の分散分析は，対応の有無によって「参加者間」，「参加者内」，「混合計画」に分類されます。本章では，**２要因参加者間の分散分析**について解説します。

２要因参加者間の分散分析

２要因参加者間の分散分析は，すべての要因において参加者間のデータからなります。

例 母語と性別による文法性判断の違いについて検討する。ある文章の自然さについて，大学生 18 名を対象にアンケート調査を行う。まず，「母語」要因に関しては，調査協力者は日本語母語話者６名，中国語母語話者６名，韓国語母語話者６名からなり，これらの大学生は異なる母集団に属しているので，参加者間となる。次に，「性別」要因に関しては，調査協力者は男性９名と女性９名からなり，男性と女性もそれぞれ異なる母集団に属しているので，参加者間となる。

2要因参加者間の分散分析の例：母語および性別による文法性判断の違い

参加者	母語	性別	文法性判断の得点
佐藤	日本語	男性	3
鈴木	日本語	男性	2
高橋	日本語	男性	1
田中	日本語	女性	5
伊藤	日本語	女性	6
渡辺	日本語	女性	4
張	中国語	男性	3
王	中国語	男性	7
劉	中国語	男性	4
陳	中国語	女性	3
楊	中国語	女性	2
黄	中国語	女性	3
朴	韓国語	男性	6
金	韓国語	男性	2
姜	韓国語	男性	2
李	韓国語	女性	5
鄭	韓国語	女性	3
崔	韓国語	女性	3

このように，2つの要因とも参加者間である場合には，2要因参加者間の分散分析を使います。

4.1 2要因の分散分析（参加者間）～交互作用なし～

研究課題

☑ スポーツ選手のフィラーの使用数が，スポーツの種類と試合の結果で変わるか分析する。

☑ 交互作用が認められない場合。

いま，フィラーの「マー」に興味を持っていて，サッカー選手と野球選手の試合後のインタビューを集めているんです。インタビューは勝ったとき，引き分けたとき，負けたときのものがあって，とりあえず1ヶ月分くらいのインタビューを見て用例を集めました。

ということは，サッカー選手の勝ったとき，野球選手の引き分けたとき，……というように，すべて別々の人のデータということですね？

はい。そうです。

「スポーツの種類」と「試合の結果」という2つの要因からなるので，今回は**2要因の分散分析**となります。また，すべて別々の人のデータなので，**参加者間の分散分析**ですね。

課題 1

スポーツの種類および試合の結果による，選手のフィラー「マー」の使用状況の違いについて検討するために，サッカー選手と野球選手の試合後のインタビューをそれぞれ 15 名分（計 30 名分）収集した。内訳は，勝ったときのインタビュー 10 名分（サッカー選手 5 名，野球選手 5 名），引き分けたときのもの 10 名分（サッカー選手 5 名，野球選手 5 名），負けたときのもの 10 名分（サッカー選手 5 名，野球選手 5 名）からなる。各インタビューの長さが異なるので，時間数とフィラー「マー」の出現総数の割合で 1 分間当たりの「マー」の使用数を求めた。スポーツの種類および試合の結果によって，選手の「マー」の使用数が異なるかについて検討しなさい。

番号	選手	試合の結果	マーの使用数
1	1	1	7.13
2	1	1	7.12
3	1	1	4.61
4	1	1	6.42
5	1	1	5.29
6	1	2	7.10
7	1	2	3.37
8	1	2	5.47
9	1	2	9.36
10	1	2	7.75
⋮	⋮	⋮	⋮
28	2	3	5.35
29	2	3	5.94
30	2	3	3.75

注）「選手」について，サッカー選手を 1，野球選手を 2 とする。「試合の結果」について，勝ちを 1，引き分けを 2，負けを 3 とする。

SPSS による 2 要因の分散分析（参加者間）の方法

1．SPSS を起動し，Excel ファイルからデータを読み込む。データが読み込まれると，以下のような画面が表示される。

ファイル(F)　編集(E)　表示(V)　データ(D)　変換(T)　分析(A)　グラフ(G

	番号	選手	試合の結果	マーの使用数	var
1	1.00	1.00	1.00	7.13	
2	2.00	1.00	1.00	7.12	
3	3.00	1.00	1.00	4.61	
4	4.00	1.00	1.00	6.42	
5	5.00	1.00	1.00	5.29	
6	6.00	1.00	2.00	7.10	
7	7.00	1.00	2.00	3.37	
8	8.00	1.00	2.00	5.47	
9	9.00	1.00	2.00	9.36	
10	10.00	1.00	2.00	7.75	

2．**［変数 ビュー］**を開き，各変数の**［値］**と**［尺度］**を設定する。

・**値：**選手については，サッカー選手を「1」，野球選手を「2」とする。試合の結果については，勝ちを「1」，引き分けを「2」，負けを「3」とする。

・**尺度：**番号と選手，試合の結果を「名義」，マーの使用数を「スケール」とする。

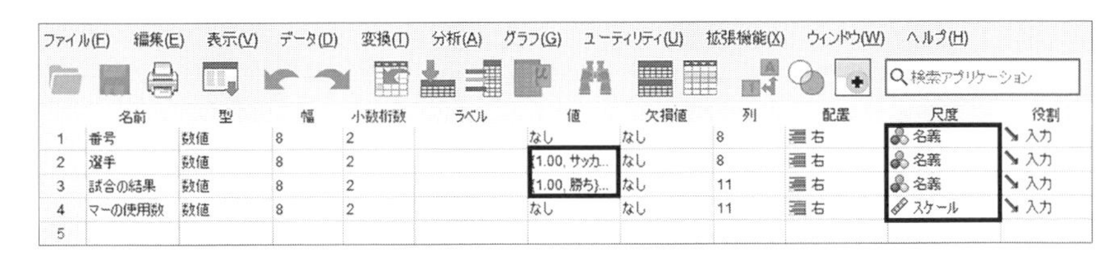

ファイル(F)　編集(E)　表示(V)　データ(D)　変換(T)　分析(A)　グラフ(G)　ユーティリティ(U)　拡張機能(X)　ウィンドウ(W)　ヘルプ(H)

検索アプリケーション

	名前	型	幅	小数桁数	ラベル	値	欠損値	列	配置	尺度	役割
1	番号	数値	8	2		なし	なし	8	右	名義	入力
2	選手	数値	8	2		{1.00, サッカ...	なし	8	右	名義	入力
3	試合の結果	数値	8	2		{1.00, 勝ち}...	なし	11	右	名義	入力
4	マーの使用数	数値	8	2		なし	なし	11	右	スケール	入力
5											

3． 2要因の分散分析（参加者間）を実行する。

(1)［分析（A)］→［一般線型モデル（G)］→［1 変量（U)...］

(2) 画面の中央にある矢印を用いて，マーの使用数を［**従属変数（D)**］，選手と試合の結果を［**固定因子（F)**］に移動させる。

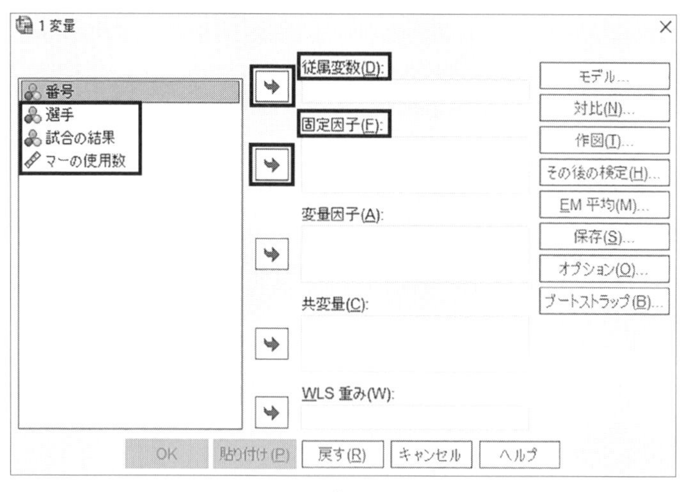

(3) ［**その後の検定（H)...**］をクリックすると，以下のような画面が表示される。試合の結果は「勝ち」，「引き分け」，「負け」という 3 水準があるので，多重比較を行う必要がある。そこで，画面の中央にある矢印を用いて，試合の結果を［**その後の検定（P)**］に移動させて，［**Bonferroni（B)**］にチェックを入れる。最後に，［**続行**］をクリックする。

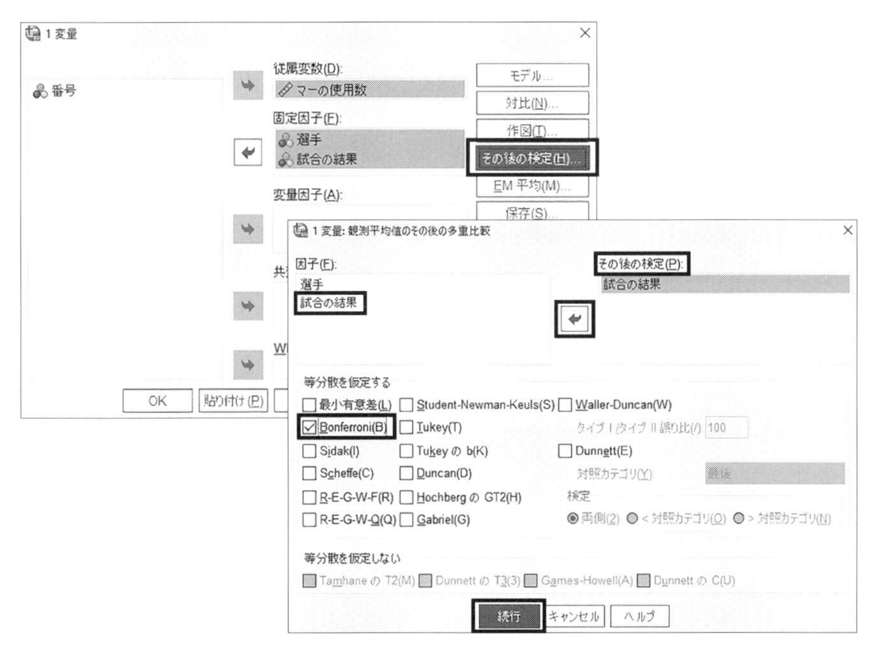

(4) [EM 平均 (M)...] をクリックすると，以下のような画面が表示される。画面の中央にある矢印を用いて，「選手」，「試合の結果」，「選手 * 試合の結果」を [**平均値の表示 (M)**] に移動させる。

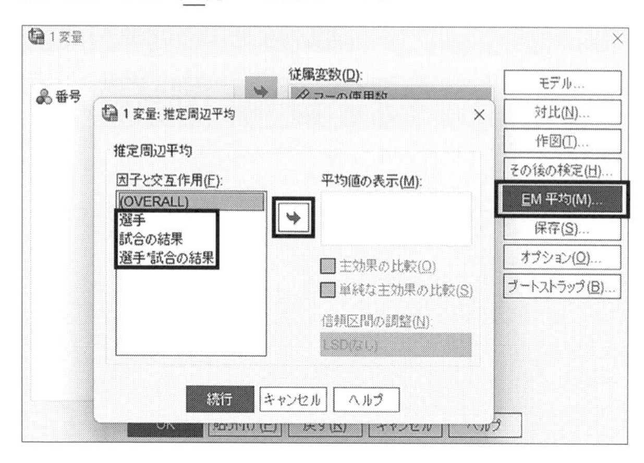

(5) [**主効果の比較 (O)**] と [**単純な主効果の比較 (S)**] にチェックを入れる。[**信頼区間の調整 (N)**] について，[Bonferroni] 法を選択する。[**続行**] をクリックする。

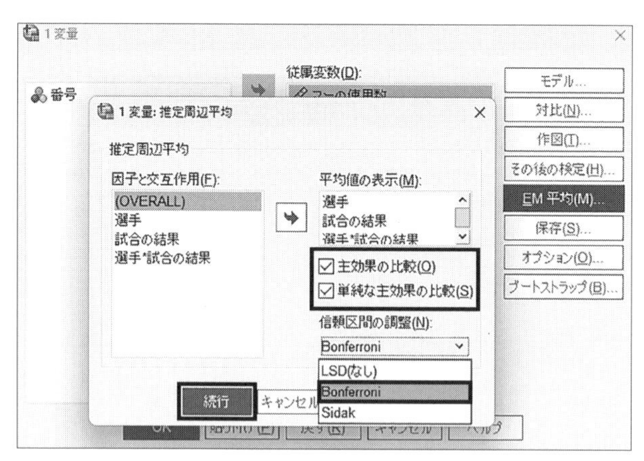

(6) ［**オプション (O)...**］をクリックすると，以下のような画面が表示される。［**記述統計 (D)**］にチェックを入れて，［**続行**］をクリックする。

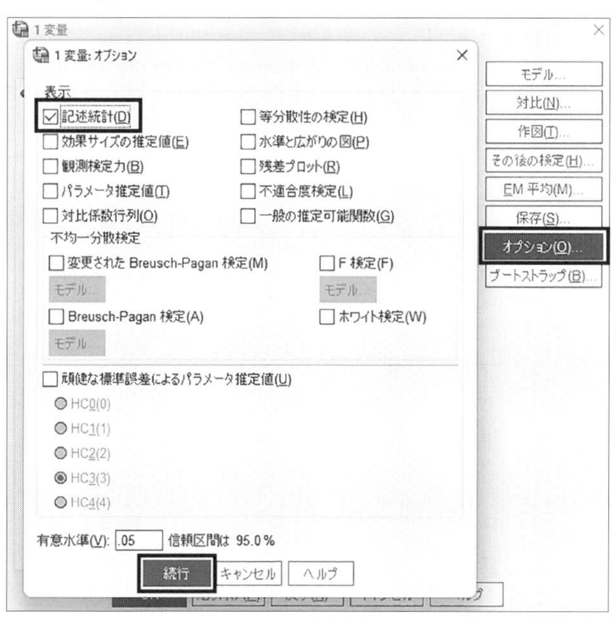

(7) ［**OK**］をクリックする。

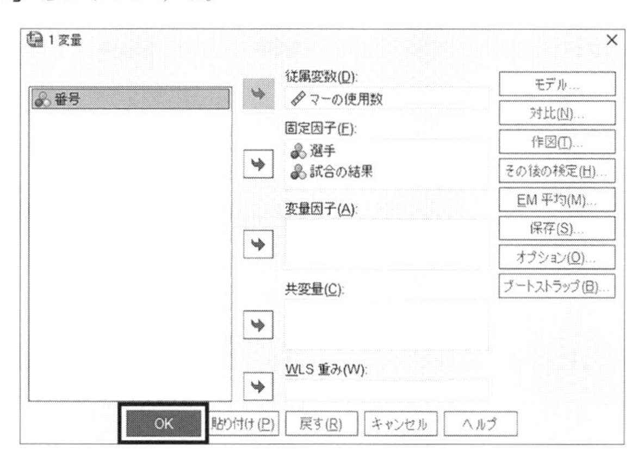

結果の見方

●各変数の記述統計量：

サッカー選手に関しては，勝ったときのフィラー「マー」の使用数の平均値は6.11（$SD=1.13$）回，引き分けたときは6.61（$SD=2.29$）回，負けたときは9.48（$SD=2.60$）回であった。野球選手に関しては，勝ったときは1.84（$SD=0.58$）回，引き分けたときは2.07（$SD=1.02$）回，負けたときは4.96（$SD=1.10$）回であった。

記述統計

従属変数: マーの使用数

選手	試合の結果	平均値	標準偏差	度数
サッカー選手	勝ち	6.1140	1.12682	5
	引き分け	6.6100	2.28579	5
	負け	9.4780	2.59686	5
	総和	7.4007	2.47751	15
野球選手	勝ち	1.8420	.57855	5
	引き分け	2.0740	1.02109	5
	負け	4.9560	1.09999	5
	総和	2.9573	1.69966	15
総和	勝ち	3.9780	2.40469	10
	引き分け	4.3420	2.91563	10
	負け	7.2170	3.03564	10
	総和	5.1790	3.07633	30

●2要因の分散分析（参加者間）の結果：

まず，交互作用を確認したところ，選手×試合の結果の交互作用は$F(2, 24)=0.02$（$n.s.$）であり，有意ではなかった。次に，2つの要因の主効果を確認したところ，選手の主効果は$F(1, 24)=56.14$（$p<.01$），試合の結果の主効果は$F(2, 24)=11.94$（$p<.01$）であり，いずれも有意であった。

被験者間効果の検定

従属変数: マーの使用数

ソース	タイプ III 平方和	自由度	平均平方	F 値	有意確率
修正モデル	211.149[a]	5	42.230	16.011	<.001
切片	804.661	1	804.661	305.074	<.001
選手	148.074	1	148.074	56.140	<.001
試合の結果	62.964	2	31.482	11.936	<.001
選手 * 試合の結果	.110	2	.055	.021	.979
誤差	63.302	24	2.638		
総和	1079.112	30			
修正総和	274.451	29			

a. R2 乗 = .769 (調整済み R2 乗 = .721)

● **多重比較の結果：**

試合の結果についてBonferroni法による多重比較を行った結果，勝ったとき（$M=3.98$, $SD=2.40$）と負けたとき（$M=7.22$, $SD=3.04$），引き分けたとき（$M=4.34$, $SD=2.92$）と負けたときとの間には有意な差が見られたが，勝ったときと引き分けたときとの間には有意な差が見られなかった。

多重比較

従属変数：マーの使用数

Bonferroni

(I) 試合の結果	(J) 試合の結果	平均値の差 (I-J)	標準誤差	有意確率	95% 信頼区間 下限	95% 信頼区間 上限
勝ち	引き分け	-.3640	.72631	1.000	-2.2332	1.5052
	負け	-3.2390*	.72631	<.001	-5.1082	-1.3698
引き分け	勝ち	.3640	.72631	1.000	-1.5052	2.2332
	負け	-2.8750*	.72631	.002	-4.7442	-1.0058
負け	勝ち	3.2390*	.72631	<.001	1.3698	5.1082
	引き分け	2.8750*	.72631	.002	1.0058	4.7442

観測平均値に基づいています。
誤差項は平均平方 (誤差) = 2.638 です。
*. 平均値の差は .05 水準で有意です。

js-STAR による 2 要因の分散分析（参加者間）の方法

1. js-STAR のホームページを開くと，以下のような画面が表示される。
   ［ABs（2 要因参加者間）］をクリックする。

js-STAR XR+ release 1.6.0 j　Programing by Satoshi Tanaka & nappa(Hiroyuki Nakano)

★彡 お知らせ
- TOP
- What's new!
- 動作確認・バグ状況

★彡 各種分析ツール

度数の分析
- 1×2表(正確二項検定)
- 1×2表：母比率不等
- 1×J表(カイ二乗検定)
- 2×2表(Fisher's exact test)
- i×J表(カイ二乗検定)
- 2×2×K表(層化解析)
- i×J×K表(3元モデル選択)
- i×J×K×L表(4元モデル選択)
- 自動評価判定1×2(グレード付与)
- 自動集計検定2×2(連関の探索)
- 対応のある度数の検定

t 検定
- t検定(参加者間) / ノンパラ
- t検定(参加者内) / ノンパラ

分散分析
- As(1要因参加者間)
- sA(1要因参加者内)
- ABs(2要因参加者間)
- AsB(2要因混合)

TOP

■ すばやいデータ分析を可能にする，ブラウザで動く，フリーの統計ソフト！

js-STARは，わかりやすいインターフェースとかんたんな操作により，驚くほどすばやくデータ分析ができる，無償の統計ソフトです。
ブラウザ上で動作するため，WindowsでもMacでも使用できます。

動作確認は，Windows10 + GoogleChrome で行っています。

・ダウンロード はこちらです。
・第XR版（js-STAR ver 10）はこちらです。
・スマホ版はこちらです。

■ XR＋の充実した機能！！

表計算ソフトや統計ソフトRとの連携もでき，かゆいところに手が届くデータ加工やjs-STARではできない高度な分析も可能にしています。

- 表計算ソフトのデータを，テキストエリアやセルに，かんたんに貼り付け
- データ加工を助ける各種ユーティリティ
- ほとんどのツールで，分析に必要なRプログラムを出力
- Rプログラムは，計算結果の読み取りとレポート作成を自動化
- Rプログラムは，ベイズファクタ分析に対応
- 図や数値を操作して統計の理解を深める各種シミュレーション

2． 要因名，水準数，各水準の調査協力者数を入力する。

・**［要因 A 名＿前］**に「選手」を入力する。今回はサッカー選手と野球選手という 2 水準からなるので，**［要因 A 水準数］**に「2」を入力する。

・**［要因 B 名＿前］**に「試合の結果」を入力する。今回は「勝ち」,「引き分け」,「負け」という 3 水準からなるので，**［要因 B 水準数］**に「3」を入力する。

・各水準の参加者数はそれぞれ 5 名なので，すべての水準の参加者数に「5」を入力する。

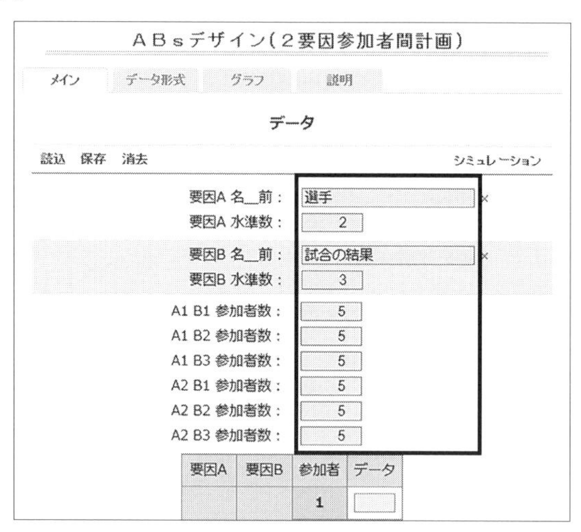

3． **［代入］**を用いてデータを一括入力する。

分析に用いるデータを以下の空欄に貼り付け，**［代入］**ボタンをクリックする。

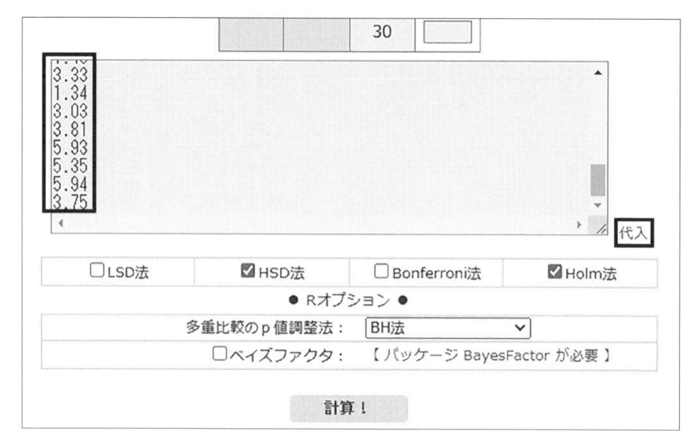

4．多重比較法の種類を選択する。［**Bonferroni法**］にチェックを入れる。

5．［**計算！**］をクリックする。

結果の見方

●各水準の記述統計量および分散分析の結果：

まず，交互作用を確認したところ，選手×試合の結果（A × B）の交互作用は $F(2, 24) = 0.02$（*n.s.*）であった。次に，2つの要因の主効果を確認したところ，選手の主効果は $F(1, 24) = 56.14$（$p < .01$），試合の結果の主効果は $F(2, 24) = 11.94$（$p < .01$）であった。

== Mean & S.D. (SDは標本標準偏差) ==

A= 選手
B= 試合の結果

A	B	N	Mean	S.D.
1	1	5	6.1140	1.0079
1	2	5	6.6100	2.0445
1	3	5	9.4780	2.3227
2	1	5	1.8420	0.5175
2	2	5	2.0740	0.9133
2	3	5	4.9560	0.9839

== Analysis of Variance ==

A(2) = 選手
B(3) = 試合の結果

S.V	SS	df	MS	F
A	148.0741	1	148.0741	56.14 **
B	62.9641	2	31.4821	11.94 **
AxB	0.1103	2	0.0552	0.02 ns
subj	63.3023	24	2.6376	
Total	274.4509	29	+p<.10 *p<.05 **p<.01	

A：選手の主効果
B：試合の結果の主効果
A × B：交互作用の結果

● **多重比較の結果：**

勝ったときと引き分けたときよりも，負けたときのフィラー「マー」の使用数の方が有意に多かった。また，勝ったときと引き分けたときとの間には有意な差が見られなかった。

```
== Multiple Comparisons by Bonferroni ==

(MSe=      2.6376, * p<.05 , alpha'= 0.0167)
-------------------------------------------------
[Main Effect of Factor B]
 B     N(Nu)       Mean
-------------------------------------------------
 1       10(10.00)          3.9780
 2       10(10.00)          4.3420
 3       10(10.00)          7.2170
-------------------------------------------------
   B1  =  B2  n.s.   (BONF=      1.8695)
   B1  <  B3   *     (BONF=      1.8695)
   B2  <  B3   *     (BONF=      1.8695)
-------------------------------------------------
```

課題 1：結果の記述方法例

　スポーツの種類および試合の結果による，選手のフィラー「マー」の使用状況の違いについて検討するために，スポーツの種類（2）×試合の結果（3）の２要因参加者間の分散分析を行った。その結果，スポーツの種類の主効果（$F\ (1, 24) = 56.14,\ p < .01$），試合の結果の主効果（$F\ (2, 24) = 11.94,\ p < .01$）は有意であったが，スポーツの種類と試合の結果の交互作用は有意ではなかった（$F\ (2, 24) = 0.02$, *n.s.*）。スポーツの種類について，野球選手（$M = 2.96,\ SD = 1.70$）よりもサッカー選手（$M = 7.40,\ SD = 2.48$）の「マー」の使用数の方が有意に多かった。また，試合の結果についてBonferroni法による多重比較を行った結果，勝ったとき（$M = 3.98,\ SD = 2.40$）と引き分けたとき（$M = 4.34,\ SD = 2.92$）よりも，負けたとき（$M = 7.22,\ SD = 3.04$）のフィラー「マー」の使用数が有意に多かったが，勝ったときと引き分けたときとの間には有意な差が見られなかった。

4.2 2要因の分散分析（参加者間）～交互作用あり～

研究課題

- ☑ スポーツ選手のフィラーの使用数が，スポーツの種類と試合の結果で変わるか分析する。
- ☑ 交互作用が認められる場合。

課題1では，2要因参加者間の分散分析の検定をしましたが，交互作用が見られず，2つの要因のそれぞれの主効果だけ有意でした。交互作用が有意であった場合は，どうすればいいですか？

2要因の分散分析の重要なポイントは「交互作用」ですね。交互作用が有意であるかどうかによって，その後の分析手順が変わります。課題2では，**交互作用が有意である場合**の分析手順を解説していきます。

課題 1 と同様に，スポーツの種類および試合の結果による，選手のフィラーの使用状況の違いについて検討を行う。課題 2 では，フィラー「エー」の使用数に着目し，サッカー選手と野球選手の試合後のインタビューをそれぞれ 15 名分（計 30 名分）収集した。内訳は，勝ったときのインタビュー 10 名分（サッカー選手 5 名，野球選手 5 名），引き分けたときのもの 10 名分（サッカー選手 5 名，野球選手 5 名），負けたときのもの 10 名分（サッカー選手 5 名，野球選手 5 名）からなる。各インタビューの長さが異なるので，時間数とフィラー「エー」の出現総数の割合で 1 分間当たりの「エー」の使用数を求めた。スポーツの種類および試合の結果によって，選手の「エー」の使用数が異なるかについて検討しなさい。

番号	選手	試合の結果	エーの使用数
1	1	1	8.55
2	1	1	6.94
3	1	1	8.69
4	1	1	6.64
5	1	1	7.72
6	1	2	11.13
7	1	2	14.57
8	1	2	12.07
9	1	2	16.13
10	1	2	15.19
⋮	⋮	⋮	⋮
28	2	3	18.09
29	2	3	17.85
30	2	3	18.30

注)「選手」について，サッカー選手を 1，野球選手を 2 とする。「試合の結果」について，勝ちを 1，引き分けを 2，負けを 3 とする。

SPSS による 2 要因の分散分析（参加者間）の方法

1．SPSS を起動し，Excel ファイルからデータを読み込む。データが読み込まれると，以下のような画面が表示される。

ファイル(F)　編集(E)　表示(V)　データ(D)　変換(T)　分析(A)　グラフ(G)

35 :

	番号	選手	試合の結果	エーの使用数	var
1	1.00	1.00	1.00	8.55	
2	2.00	1.00	1.00	6.94	
3	3.00	1.00	1.00	8.69	
4	4.00	1.00	1.00	6.64	
5	5.00	1.00	1.00	7.72	
6	6.00	1.00	2.00	11.13	
7	7.00	1.00	2.00	14.57	
8	8.00	1.00	2.00	12.07	
9	9.00	1.00	2.00	16.13	
10	10.00	1.00	2.00	15.19	
11	11.00	1.00	3.00	13.63	

2．**［変数 ビュー］**を開き，各変数の**［値］**と**［尺度］**を設定する。

・**値：**選手については，サッカー選手を「1」，野球選手を「2」とする。試合の結果については，勝ちを「1」，引き分けを「2」，負けを「3」とする。

・**尺度：**番号と選手，試合の結果を「名義」，エーの使用数を「スケール」とする。

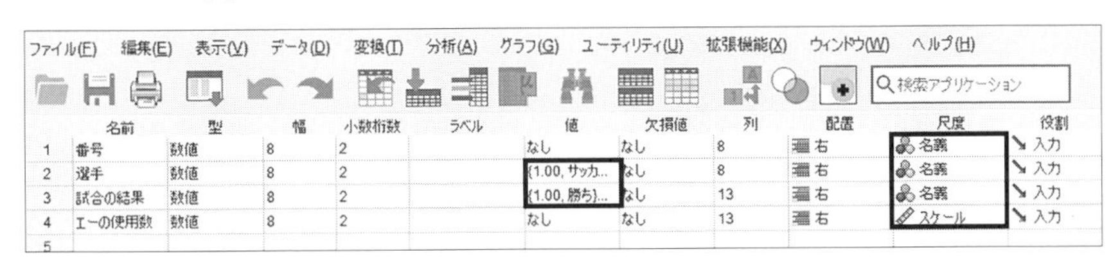

ファイル(F)　編集(E)　表示(V)　データ(D)　変換(T)　分析(A)　グラフ(G)　ユーティリティ(U)　拡張機能(X)　ウィンドウ(W)　ヘルプ(H)

検索アプリケーション

	名前	型	幅	小数桁数	ラベル	値	欠損値	列	配置	尺度	役割
1	番号	数値	8	2		なし	なし	8	右	名義	入力
2	選手	数値	8	2		{1.00, サッカ...	なし	8	右	名義	入力
3	試合の結果	数値	8	2		{1.00, 勝ち}...	なし	13	右	名義	入力
4	エーの使用数	数値	8	2		なし	なし	13	右	スケール	入力
5											

3． 2要因の分散分析（参加者間）を実行する。

(1)［分析 (A)］→［一般線型モデル (G)］→［1 変量 (U)...］

(2) 画面の中央にある矢印を用いて，エーの使用数を［**従属変数 (D)**］，選手と試合の結果を［**固定因子 (F)**］に移動させる。

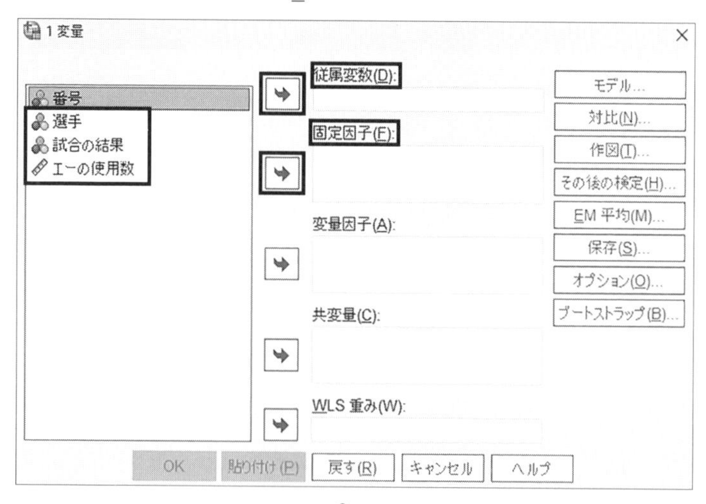

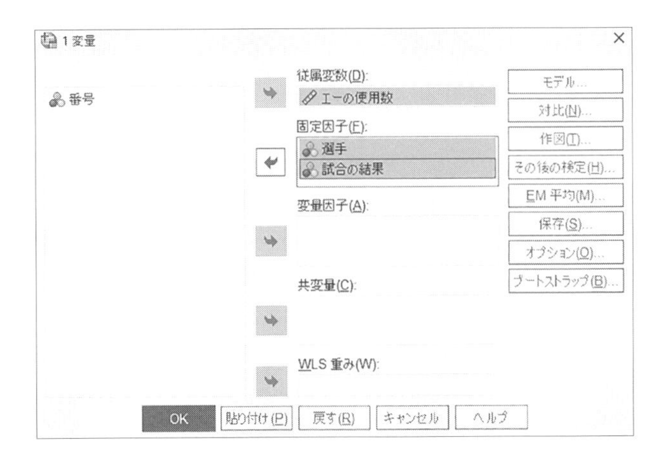

(3) ［**その後の検定（H）...**］をクリックすると，以下のような画面が表示される。試合の結果は「勝ち」，「引き分け」，「負け」という 3 水準があるので，多重比較を行う必要がある。そこで，試合の結果を［**その後の検定（P）**］に移動させて，［**Bonferroni（B）**］にチェックを入れる。最後に，［**続行**］をクリックする。

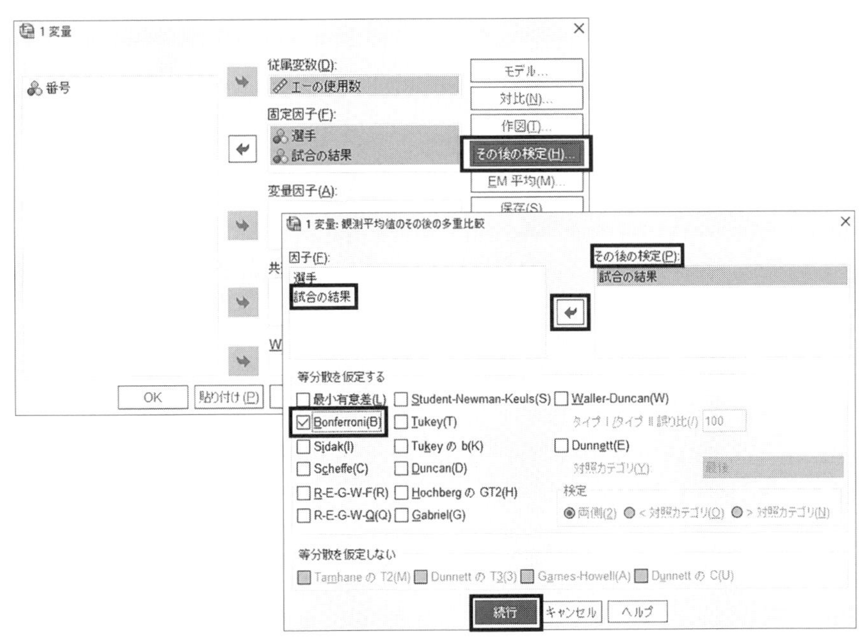

(4) [EM 平均 (M)...] をクリックすると，以下のような画面が表示される。画面の中央にある矢印を用いて，「選手」，「試合の結果」，「選手 * 試合の結果」を [**平均値の表示 (M)**] に移動させる。

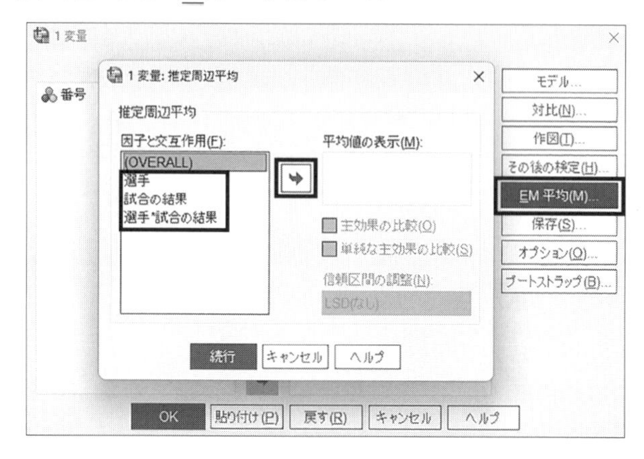

(5) [**主効果の比較 (O)**] と [**単純な主効果の比較 (S)**] にチェックを入れる。[**信頼区間の調整 (N)**] について，[Bonferroni] 法を選択する。[**続行**] をクリックする。

(6) ［**オプション (O)...**］をクリックすると，以下のような画面が表示される。［**記述統計 (D)**］にチェックを入れて，［**続行**］をクリックする。

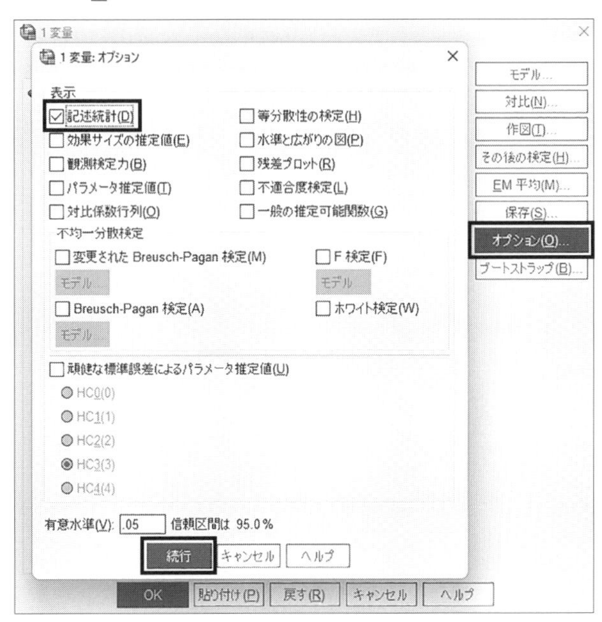

(7) ［**OK**］をクリックする。

結果の見方

●各変数の記述統計量：

サッカー選手に関しては，勝ったときのフィラー「エー」の１分間の使用数の平均値は 7.71（*SD* = 0.92）回，引き分けたときは 13.82（*SD* = 2.13）回，負けたときは 12.17（*SD* = 2.01）回であった。野球選手に関しては，勝ったときは 8.01（*SD* = 3.23）回，引き分けたときは 12.55（*SD* = 2.55）回，負けたときは 19.85（*SD* = 2.51）回であった。

記述統計

従属変数: エーの使用数

選手	試合の結果	平均値	標準偏差	度数
サッカー選手	勝ち	7.7080	.92248	5
	引き分け	13.8180	2.12568	5
	負け	12.1660	2.01044	5
	総和	11.2307	3.13434	15
野球選手	勝ち	8.0080	3.22643	5
	引き分け	12.5480	2.54984	5
	負け	19.8480	2.51187	5
	総和	13.4680	5.66755	15
総和	勝ち	7.8580	2.24273	10
	引き分け	13.1830	2.31212	10
	負け	16.0070	4.58183	10
	総和	12.3493	4.64155	30

●２要因の分散分析（参加者間）の結果：

まず，交互作用を確認したところ，選手×試合の結果の交互作用は $F(2, 24) = 10.50$（$p < .01$）であり，有意であった。次に，２つの要因の主効果を確認したところ，選手の主効果は $F(1, 24) = 6.90$（$p < .05$），試合の結果の主効果は $F(2, 24) = 31.48$（$p < .01$）であり，いずれも有意であった。

被験者間効果の検定

従属変数: エーの使用数

ソース	タイプ III 平方和	自由度	平均平方	F 値	有意確率
修正モデル	494.246[a]	5	98.849	18.175	<.001
切片	4575.181	1	4575.181	841.222	<.001
選手	37.542	1	37.542	6.903	.015
試合の結果	342.456	2	171.228	31.483	<.001
選手 * 試合の結果	114.248	2	57.124	10.503	<.001
誤差	130.530	24	5.439		
総和	5199.957	30			
修正総和	624.776	29			

a. R2 乗 = .791 (調整済み R2 乗 = .748)

● **多重比較の結果：**

試合の結果についてBonferroni法による多重比較を行った結果，勝ったとき（$M = 7.86$, $SD = 2.24$）と引き分けたとき（$M = 13.18$, $SD = 2.31$）よりも，負けたとき（$M = 16.01$, $SD = 4.58$）の「エー」の使用数の方が有意に多かった。また，勝ったときよりも，引き分けたときの方が有意に多いことがわかった。

多重比較

従属変数: エーの使用数
Bonferroni

(I) 試合の結果	(J) 試合の結果	平均値の差 (I-J)	標準誤差	有意確率	95% 信頼区間 下限	95% 信頼区間 上限
勝ち	引き分け	-5.3250*	1.04295	<.001	-8.0092	-2.6408
	負け	-8.1490*	1.04295	<.001	-10.8332	-5.4648
引き分け	勝ち	5.3250*	1.04295	<.001	2.6408	8.0092
	負け	-2.8240*	1.04295	.037	-5.5082	-.1398
負け	勝ち	8.1490*	1.04295	<.001	5.4648	10.8332
	引き分け	2.8240*	1.04295	.037	.1398	5.5082

観測平均値に基づいています。
誤差項は平均平方 (誤差) = 5.439 です。
*. 平均値の差は .05 水準で有意です。

● **単純主効果の結果：**

試合の結果における選手の単純主効果

・負けたときにおいて，選手の単純主効果が有意であった（$F(1, 24) = 27.13$, $p < .01$）。

1 変量検定

従属変数: エーの使用数

試合の結果		平方和	自由度	平均平方	F 値	有意確率
勝ち	対比	.225	1	.225	.041	.841
	誤差	130.530	24	5.439		
引き分け	対比	4.032	1	4.032	.741	.398
	誤差	130.530	24	5.439		
負け	対比	147.533	1	147.533	27.126	<.001
	誤差	130.530	24	5.439		

F 値は 選手 の多変量効果を検定します。これらの検定は、推定周辺平均中の一時独立対比較検定に基づいています。

・選手は「サッカー選手」と「野球選手」という2水準からなるので，多重比較を行う必要がない。負けたときのインタビューにおいて，サッカー選手よりも，野球選手の「エー」の使用数の方が有意に多かった。

ペアごとの比較

従属変数: エーの使用数

試合の結果	(I) 選手	(J) 選手	平均値の差 (I-J)	標準誤差	有意確率[b]	95% 平均差信頼区間[b] 下限	上限
勝ち	サッカー選手	野球選手	-.300	1.475	.841	-3.344	2.744
	野球選手	サッカー選手	.300	1.475	.841	-2.744	3.344
引き分け	サッカー選手	野球選手	1.270	1.475	.398	-1.774	4.314
	野球選手	サッカー選手	-1.270	1.475	.398	-4.314	1.774
負け	サッカー選手	野球選手	-7.682*	1.475	<.001	-10.726	-4.638
	野球選手	サッカー選手	7.682*	1.475	<.001	4.638	10.726

推定周辺平均に基づいた
*. 平均値の差は .05 水準で有意です。
b. 多重比較の調整: Bonferroni。

選手における試合の結果の単純主効果

・サッカー選手において，試合の結果の単純主効果が有意であった (F (2, 24) = 9.18, p < .01)。また，野球選手においても試合の結果の単純主効果が有意であった (F (2, 24) = 32.80, p < .01)。

1 変量検定

従属変数: エーの使用数

選手		平方和	自由度	平均平方	F 値	有意確率
サッカー選手	対比	99.892	2	49.946	9.183	.001
	誤差	130.530	24	5.439		
野球選手	対比	356.812	2	178.406	32.803	<.001
	誤差	130.530	24	5.439		

F 値は 試合の結果 の多変量効果を検定します。これらの検定は、推定周辺平均中の一時独立対比較検定に基づいています。

・試合の結果は「勝ち」，「引き分け」，「負け」という3水準からなるので，多重比較を行う必要がある。サッカー選手においては，勝ったときと引き分けたとき，勝ったときと負けたときとの間に有意な差が見られた。引き分けたときと負けたときとの間には有意な差が見られなかった。また，野球選手においては，すべての水準の間に有意な差が見られた。

ペアごとの比較

従属変数: エーの使用数

選手	(I) 試合の結果	(J) 試合の結果	平均値の差 (I-J)	標準誤差	有意確率[b]	95% 平均差信頼区間[b] 下限	上限
サッカー選手	勝ち	引き分け	-6.110*	1.475	.001	-9.906	-2.314
		負け	-4.458*	1.475	.018	-8.254	-.662
	引き分け	勝ち	6.110*	1.475	.001	2.314	9.906
		負け	1.652	1.475	.821	-2.144	5.448
	負け	勝ち	4.458*	1.475	.018	.662	8.254
		引き分け	-1.652	1.475	.821	-5.448	2.144
野球選手	勝ち	引き分け	-4.540*	1.475	.015	-8.336	-.744
		負け	-11.840*	1.475	<.001	-15.636	-8.044
	引き分け	勝ち	4.540*	1.475	.015	.744	8.336
		負け	-7.300*	1.475	<.001	-11.096	-3.504
	負け	勝ち	11.840*	1.475	<.001	8.044	15.636
		引き分け	7.300*	1.475	<.001	3.504	11.096

推定周辺平均に基づいた

*. 平均値の差は .05 水準で有意です。

b. 多重比較の調整: Bonferroni。

js-STAR による 2 要因の分散分析（参加者間）の方法

1．js-STAR のホームページを開くと，以下のような画面が表示される。[ABs（2 要因参加者間）] をクリックする。

js-STAR XR+ release 1.6.0 j　　Programing by Satoshi Tanaka & nappa(Hiroyuki Nakano)

★彡 お知らせ
- TOP
- What's new!
- 動作確認・バグ状況

★彡 各種分析ツール

度数の分析
- 1×2表(正確二項検定)
- 1×2表：母比率不等
- 1×J表(カイ二乗検定)
- 2×2表(Fisher's exact test)
- i×J表(カイ二乗検定)
- 2×2×K表(層化解析)
- i×J×K表(3元モデル選択)
- i×J×K×L表(4元モデル選択)
- 自動評価判定1×2(グレード付与)
- 自動集計検定2×2(連関の探索)
- 対応のある度数の検定

t 検定
- t検定(参加者間) / ノンパラ
- t検定(参加者内) / ノンパラ

分散分析
- As(1要因参加者間)
- sA(1要因参加者内)
- ABs(2要因参加者間)
- AsB(2要因混合)

TOP

■ すばやいデータ分析を可能にする，ブラウザで動く，フリーの統計ソフト！

js-STARは，わかりやすいインターフェースとかんたんな操作により，驚くほどすばやくデータ分析ができる，無償の統計ソフトです。
ブラウザ上で動作するため，WindowsでもMacでも使用できます。

動作確認は，Windows10 + GoogleChrome で行っています。

・ダウンロード はこちらです。
・第XR版（js-STAR ver 10）はこちらです。
・スマホ版はこちらです。

■ XR+の充実した機能！！

表計算ソフトや統計ソフトRとの連携もでき，かゆいところに手が届くデータ加工やjs-STARではできない高度な分析も可能にしています。

- 表計算ソフトのデータを，テキストエリアやセルに，かんたんに貼り付け
- データ加工を助ける各種ユーティリティ
- ほとんどのツールで，分析に必要なRプログラムを出力
- Rプログラムは，計算結果の読み取りとレポート作成を自動化
- Rプログラムは，ベイズファクタ分析に対応
- 図や数値を操作して統計の理解を深める各種シミュレーション

2．要因名，水準数，各水準の調査協力者数を入力する。

・**〔要因 A 名 _ 前〕**に「選手」を入力する。今回は「サッカー選手」と「野球選手」という 2 水準からなるので，**〔要因 A 水準数〕**に「2」を入力する。

・**〔要因 B 名 _ 前〕**に「試合の結果」を入力する。今回は「勝ち」,「引き分け」,「負け」という 3 水準からなるので，**〔要因 B 水準数〕**に「3」を入力する。

・各水準の参加者数はそれぞれ 5 名なので，すべての水準の参加者数に「5」を入力する。

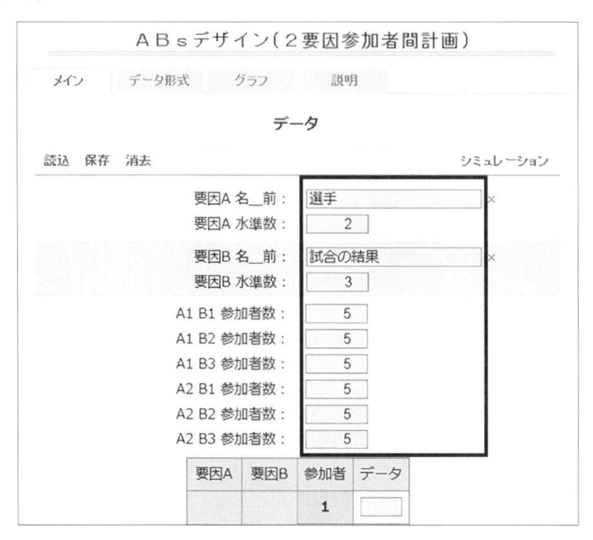

3．**〔代入〕**を用いてデータを一括入力する。

分析に用いるデータを以下の空欄に貼り付け，**〔代入〕**ボタンをクリックする。

4．多重比較法の種類を選択する。[Bonferroni 法] にチェックを入れる。

5．[計算！] をクリックする。

結果の見方

●各水準の記述統計量および分散分析の結果：

まず，選手の主効果（$F(1, 24) = 6.90, p < .05$）と試合の結果の主効果（$F(2, 24) = 31.48, p < .01$），スポーツ選手×試合の結果の交互作用（$F(2, 24) = 10.50, p < .01$）はいずれも有意であった。次に，単純主効果の検定を行ったところ，負けたときにおいてスポーツ選手の単純主効果が見られた。また，サッカー選手と野球選手においても試合の結果の単純主効果が見られた。

== Mean & S.D. (SDは標本標準偏差) ==

A= 選手
B= 試合の結果

A	B	N	Mean	S.D.
1	1	5	7.7080	0.8251
1	2	5	13.8180	1.9013
1	3	5	12.1660	1.7982
2	1	5	8.0080	2.8858
2	2	5	12.5480	2.2806
2	3	5	19.8480	2.2467

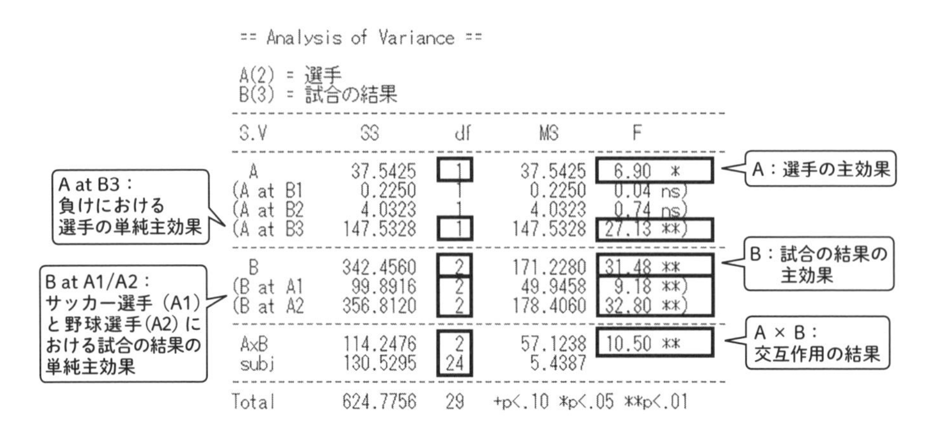

```
== Analysis of Variance ==

A(2) = 選手
B(3) = 試合の結果
----------------------------------------------------------------
S.V           SS       df        MS          F
----------------------------------------------------------------
   A        37.5425     1     37.5425     6.90  *
(A at B1     0.2250     1      0.2250     0.04 ns)
(A at B2     4.0323     1      4.0323     0.74 ns)
(A at B3   147.5328     1    147.5328    27.13 **)
----------------------------------------------------------------
   B       342.4560     2    171.2280    31.48 **
(B at A1    99.8916     2     49.9458     9.18 **)
(B at A2   356.8120     2    178.4060    32.80 **)
----------------------------------------------------------------
  AxB      114.2476     2     57.1238    10.50 **
  subj     130.5295    24      5.4387
----------------------------------------------------------------
Total      624.7756    29    +p<.10 *p<.05 **p<.01
```


● 多重比較の結果：

サッカー選手においては，勝ったときの「エー」の使用数が最も少なく，引き分けたときと負けたときとの間には有意な差が見られなかった。また，野球選手においては，勝ったときの「エー」の使用数が最も少なく，次は引き分けたとき，負けたときが最も多かった。

```
== Multiple Comparisons by Bonferroni ==

B at A1 Level
(MSe=      5.4387, * p<.05 , alpha'= 0.0167)
--------------------------------------------------------
   B1  <  B2   *      (BONF=        3.7965)
   B1  <  B3   *      (BONF=        3.7965)
   B2  =  B3  n.s.    (BONF=        3.7965)
== Multiple Comparisons by Bonferroni ==

B at A2 Level
(MSe=      5.4387, * p<.05 , alpha'= 0.0167)
--------------------------------------------------------
   B1  <  B2   *      (BONF=        3.7965)
   B1  <  B3   *      (BONF=        3.7965)
   B2  <  B3   *      (BONF=        3.7965)
--------------------------------------------------------
== Multiple Comparisons by Bonferroni ==

(MSe=      5.4387, * p<.05 , alpha'= 0.0167)
--------------------------------------------------------
[Main Effect of Factor B]
 B     N(Nu)        Mean
--------------------------------------------------------
 1       10(10.00)           7.8580
 2       10(10.00)          13.1830
 3       10(10.00)          16.0070
--------------------------------------------------------
   B1  <  B2   *      (BONF=        2.6846)
   B1  <  B3   *      (BONF=        2.6846)
   B2  <  B3   *      (BONF=        2.6846)
--------------------------------------------------------
```

サッカー選手（A1）においては，引き分け(B2)＝負け(B3)＞勝ち(B1)となっている。

野球選手(A2)においては，負け(B3)＞引き分け(B2)＞勝ち(B1)となっている。

課題２：結果の記述方法例

スポーツの種類および試合の結果による，選手のフィラー「エー」の使用状況の違いについて検討するために，スポーツの種類（2）×試合の結果（3）の２要因参加者間の分散分析を行った。その結果，スポーツの種類の主効果（F（1, 24）= 6.90, p < .05），試合の結果の主効果（F（2, 24）= 31.48, p < .01），スポーツの種類×試合の結果の交互作用（F（2, 24）= 10.50, p < .01）はいずれも有意であった。交互作用が認められたため，単純主効果の検定を行った。その結果，負けた場合においてスポーツの種類の単純主効果が見られ（F(1, 24) = 27.13, p < .01），サッカー選手（M = 12.17, SD = 2.01）よりも，野球選手（M = 19.85, SD = 2.51）の方が「エー」の使用数が有意に多かった。また，サッカー選手における試合の結果の単純主効果が見られた（F（2, 24）= 9.18, p < .01）。Bonferroni 法による多重比較の結果，勝ったとき（M = 7.71, SD = 0.92）の「エー」の使用数が最も少なく，引き分けたとき（M = 13.82, SD = 2.13）と負けたときとの間には有意な差が見られなかった。野球選手においても試合の結果の単純主効果が見られた（F（2, 24）= 32.80, p < .01）。Bonferroni 法による多重比較の結果，勝ったとき（M = 8.01, SD = 3.23）の「エー」の使用数が最も少なく，次は引き分けたとき（M = 12.55, SD = 2.55），負けたときが最も多いことが明らかになった。

練習問題 1

テレビ出演時におけるアナウンサーの「けど」の使用状況について検討を行うために，クイズ番組とバラエティー番組の動画をそれぞれ10本（計20本）収集した。内訳は，男性アナウンサーの動画10本（クイズ番組5本，バラエティー番組5本），女性アナウンサーの動画10本（クイズ番組5本，バラエティー番組5本）からなり，1分間当たりの「けど」の使用数を算出した。番組内容およびアナウンサーの性別によって「けど」の使用数が異なるかについて検討しなさい。

番号	性別	番組内容	けどの使用数
1	1	1	1.71
2	1	1	1.73
3	1	1	0.69
4	1	1	1.29
5	1	1	0.98
6	1	2	3.05
7	1	2	2.59
8	1	2	3.80
9	1	2	3.72
10	1	2	3.71
⋮	⋮	⋮	⋮
18	0	2	2.52
19	0	2	4.00
20	0	2	3.13

注）「性別」について，男性を1，女性を0とする。「番組内容」について，クイズを1，バラエティーを2とする。

解答

SPSSによる２要因参加者間の分散分析を行った結果，番組内容に関して有意な主効果が見られたが（$F(1, 16) = 48.81, p < .01$），性別の主効果（$F(1, 16) = 0.47, n.s.$）および性別と番組内容の交互作用（$F(1, 16) = 2.29, n.s.$）は有意ではなかった。番組内容について，クイズ番組（$M = 1.55, SD = 0.52$）よりもバラエティー番組（$M = 3.27, SD = 0.60$）の方が有意に多かった。

記述統計

従属変数: けどの使用数

性別	番組内容	平均値	標準偏差	度数
女性	クイズ	1.8228	.47857	5
	バラエティー	3.1713	.70215	5
	総和	2.4971	.90886	10
男性	クイズ	1.2804	.45498	5
	バラエティー	3.3744	.53370	5
	総和	2.3274	1.19855	10
総和	クイズ	1.5516	.52489	10
	バラエティー	3.2728	.59763	10
	総和	2.4122	1.03890	20

被験者間効果の検定

従属変数: けどの使用数

ソース	タイプ III 平方和	自由度	平均平方	F 値	有意確率
修正モデル	15.651[a]	3	5.217	17.192	<.001
切片	116.377	1	116.377	383.490	<.001
性別	.144	1	.144	.474	.501
番組内容	14.813	1	14.813	48.812	<.001
性別 * 番組内容	.695	1	.695	2.289	.150
誤差	4.855	16	.303		
総和	136.884	20			
修正総和	20.507	19			

a. R2 乗 = .763 (調整済み R2 乗 = .719)

練習問題2

母語による「けど」の使用状況について検討を行うために，日本語母語話者10名と日本語非母語話者10名に対して，1人当たり30分のインタビューを行った。インタビューのテーマは，過去の出来事（日本語母語話者5名と日本語非母語話者5名）と好きな映画（日本語母語話者5名と日本語非母語話者5名）という2つからなる。母語およびインタビューの内容によって「けど」の使用数が異なるかについて検討しなさい。

番号	母語	インタビューの内容	けどの使用数
1	1	1	4.45
2	1	1	4.14
3	1	1	4.20
4	1	1	4.03
5	1	1	6.69
6	1	0	1.19
7	1	0	2.61
8	1	0	4.32
9	1	0	1.16
10	1	0	3.74
⋮	⋮	⋮	⋮
18	0	0	5.59
19	0	0	4.95
20	0	0	4.56

注）「母語」について，日本語母語話者を1，日本語非母語話者を0とする。「インタビューの内容」について，過去の出来事を1，好きな映画を0とする。

解答

js-STARによる2要因参加者間の分散分析を行った結果，母語の主効果（$F(1, 16) = 6.00, p < .05$）とインタビューの内容の主効果（$F(1, 16) = 5.60, p < .05$）が有意であったが，母語とインタビューの内容の交互作用（$F(1, 16) = 4.11, p < .10$）は有意傾向が見られた。交互作用が有意傾向で認められたため，単純主効果の検定を行った。好きな映画について語るときには，母語の単純主効果が見られ（$F(1, 16) = 10.02, p < .01$），日本語母語話者（$M = 2.60, SD = 1.29$）よりも，日本語非母語話者（$M = 4.74, SD = 0.64$）の方が「けど」の使用数が有意に多かった。また，日本語母語話者におけるインタビューの内容の単純主効果が見られた（$F(1, 16) = 9.65, p < .01$）。好きな映画について語るときよりも，過去の出来事について語るとき（$M = 4.70, SD = 1.00$）の方が「けど」の使用数が有意に多かった。

== Mean & S.D. (SDは標本標準偏差) ==

A= 母語
B= インタビュー内容

A	B	N	Mean	S.D.
1	1	5	4.7020	1.0035
1	2	5	2.6040	1.2899
2	1	5	4.9040	0.7527
2	2	5	4.7420	0.6422

== Analysis of Variance ==

A(2) = 母語
B(2) = インタビュー内容

S.V	SS	df	MS	F
A	6.8445	1	6.8445	6.00 *
(A at B1	0.1020	1	0.1020	0.09 ns)
(A at B2	11.4276	1	11.4276	10.02 **)
B	6.3845	1	6.3845	5.60 *
(B at A1	11.0040	1	11.0040	9.65 **)
(B at A2	0.0656	1	0.0656	0.06 ns)
AxB	4.6851	1	4.6851	4.11 +
subj	18.2496	16	1.1406	
Total	36.1637	19	+p<.10 *p<.05 **p<.01	

復習コーナー
〜分散分析の手順〜

第３章・第４章の分散分析は，なんだか一気に難しくなった気がする……。３つ以上の母集団の平均の違いを検討して，さらに２つの要因の作用を考えなければならないなんて！
ここで，考え方や用語の整理をしておこう。

１要因の場合

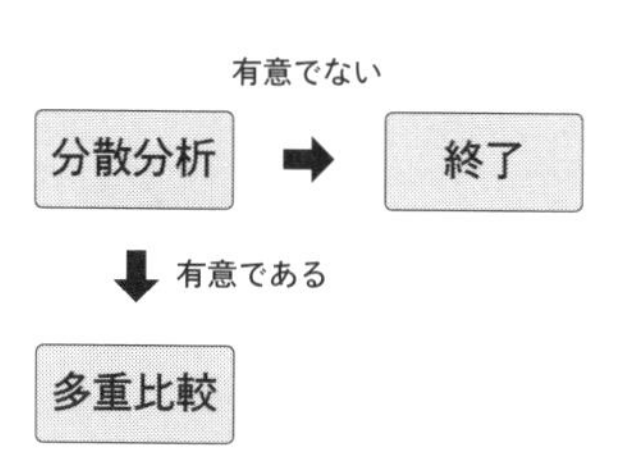

１要因の分散分析は，水準が３つ以上ある場合です。t 検定は水準が２つでしたので，有意であるという結果は，そのまま水準ＡとＢの間に有意な差があることにつながります。

例えば，サッカー選手のフィラーを，勝ったとき，引き分けたとき，負けたときという３つの水準で，使用数に差が出るかどうかを分散分析したとしましょう。もし有意な差があったときには，この３つのうちのどこかで有意な差があるということです。どこに有意な差があるかは多重比較で確かめることになります。

2要因の場合

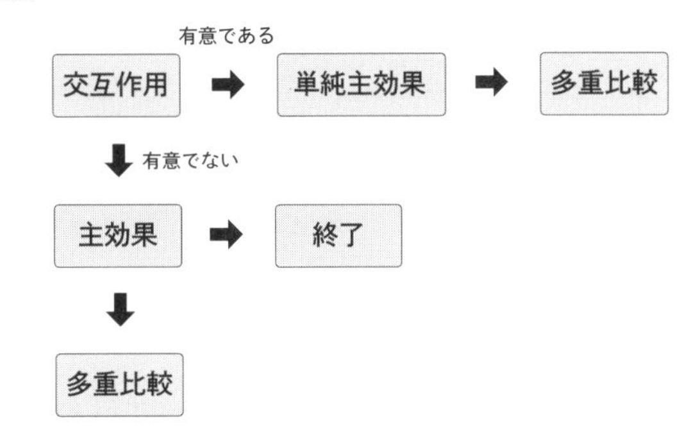

サッカー選手だけを調べる場合には，「試合の結果」という要因しかないので，1要因の分散分析でした。スポーツの種類別にフィラーの使用数が違うかを加えて調べる場合には要因（スポーツの種類）が1つ増えます。この場合は2要因の分散分析を行います。**2要因の分散分析はまず，交互作用を見ます**。交互作用は有意か有意でないかで出ます。

◉交互作用が有意だった場合

交互作用が有意だった場合には単純主効果を見ます。交互作用が有意だったという場合，それは，

- {サッカー選手／野球選手} での {勝ち／引き分け／負け} によるフィラーの差

が有意であるということを意味します。これは，

- サッカー選手における {勝ち／引き分け／負け} の差
- 野球選手における {勝ち／引き分け／負け} の差
- 勝ちにおける {サッカー選手／野球選手} の差
- 引き分けにおける {サッカー選手／野球選手} の差
- 負けにおける {サッカー選手／野球選手} の差

を見ることになります。さらに，最初の2つ，すなわち，「サッカー選手における {勝ち／引き分け／負け} の差」「野球選手における {勝ち／引き分け／負け} の差」では，**どこに有意な差があるかわからないので多重比較を行う**

ことになります。逆にあとの3つ，すなわち「勝ちにおける｛サッカー選手／野球選手｝の差」「引き分けにおける｛サッカー選手／野球選手｝の差」「負けにおける｛サッカー選手／野球選手｝の差」の場合，有意な差があればそれは「サッカー選手と野球選手の差」であることが明らかですので，多重比較は必要ありません。3×3の分散分析の場合には，どちらの場合にも多重比較が必要です。

◉交互作用が有意ではなかった場合

交互作用が有意ではないというのは，上の5つの分析のどこにも有意な差がないということを意味します。**この場合には，主効果だけを見ます**。すなわち，「サッカー選手／野球選手の間で（勝ち負けに関係なく）フィラーの差が出るか」と，「勝ち／引き分け／負けの間で，（スポーツ選手に関係なく）フィラーの差が出るか」を見ることになります。「勝ち／引き分け／負け」で有意な差が出た場合は，多重比較を行います。

今まで学んだことを，自分なりにまとめてみました。
エン先生，この理解で合っていますか？

よくできました！　合っていますよ。
最初は考えるのに時間がかかりますが，繰り返すうちにだんだん慣れてきます。次章もこの調子で頑張りましょう！

第5章

2要因の分散分析（参加者内）

参加者内で2要因の
平均の違いを検定しよう

エン先生からの
事前講義

本章では，**2 要因参加者内の分散分析**について解説します。2 要因参加者内の分散分析は，**すべての要因において参加者内のデータ**からなります。

例 ある授業法の効果について検討するために，日本語学校に在籍する中国人留学生 15 名に対して日本語の授業を行い，授業の前後で言語知識，読解，聴解のテストを行う。

まず，「授業の前後」という要因に関しては，同一の調査協力者に対して授業前と授業後の2時点でテストを実施するので，参加者内となります。次に，「テストの種類」という要因に関しては，同一の調査協力者に対して言語知識，読解，聴解という3種類のテストを実施するので，こちらも参加者内となります。このように，2つとも参加者内である場合には，2要因参加者内の分散分析を使います。

2 要因参加者内の分散分析の例：授業の実施による日本語能力の変化

参加者	授業前			授業後		
	言語知識	読解	聴解	言語知識	読解	聴解
張	40	43	18	39	34	47
王	43	36	41	37	42	28
劉	30	32	59	45	41	27
陳	44	21	25	37	44	41
楊	56	39	44	46	22	40
李	42	37	23	52	53	48

趙	41	44	20	28	46	51
呉	38	32	39	39	47	47
周	25	33	28	48	40	40
徐	53	30	30	47	29	22
孫	62	45	33	46	35	42
馬	43	34	34	22	60	42
朱	49	37	33	24	45	54
胡	32	31	22	40	51	42
郭	57	38	27	24	33	26

5.1 2要因の分散分析（参加者内）～交互作用なし～

研究課題

- ☑ スポーツ選手のフィラーの使用数が，試合の前後と試合の結果で変わるか分析する。
- ☑ 交互作用が認められない場合。

先生，今度はサッカー選手だけに注目したいです。試合前と試合後でフィラー「エー」の使用数が変わるかどうかを調べたいのですが。

その場合は，同じ選手を試合前と試合後で調べる必要がありますね。試合の結果による影響についても調べた方が良いのではないですか？

つまり，一人の選手につき，試合前と試合後，それぞれ勝ったとき，引き分けたとき，負けたときのデータを集めるのですね。

はい，そのとおりです。全部集まれば，試合の前後×試合の結果（勝ち，引き分け，負け）という**2 × 3の分散分析**を行うことができます。この場合は，すべての選手に対して同じ条件でデータを集めることになりますから，**参加者内の分散分析**になります。

課題 1

試合の前後および試合の結果によるフィラー「エー」の使用状況の違いについて検討を行うために，サッカー選手 15 名を対象に試合の前後のインタビュー・データを収集した。試合の結果に関しては，「勝ち」，「引き分け」，「負け」に分類し，すべての選手に対してそれぞれ 1 回分のデータを収集した上で，1 分間当たりの「エー」の使用数を算出した。試合の前後および試合の結果によって，サッカー選手の「エー」の使用数が異なるかについて検討しなさい。

番号	試合前			試合後		
	勝ち	引き分け	負け	勝ち	引き分け	負け
1	2.53	1.97	3.07	4.21	3.74	3.03
2	1.33	2.76	2.84	5.45	3.21	3.79
3	1.21	0.36	2.74	3.80	2.88	5.71
4	3.17	3.86	1.77	4.19	5.45	4.36
5	2.23	4.54	2.41	4.27	3.05	3.95
6	1.28	3.99	2.29	5.19	4.41	5.24
7	4.03	3.46	2.12	3.95	4.69	2.44
8	1.86	2.62	3.10	3.13	3.87	4.31
9	2.64	3.41	3.64	4.76	5.45	5.56
10	3.90	3.53	3.56	3.18	3.32	4.57
11	4.11	2.99	4.59	4.05	3.39	3.89
12	4.45	3.21	2.49	2.27	4.07	5.74

番号	試合前			試合後		
	勝ち	引き分け	負け	勝ち	引き分け	負け
13	1.97	2.18	2.94	4.21	4.44	5.58
14	4.27	3.25	3.12	4.66	3.36	3.72
15	3.35	4.40	2.01	4.33	5.40	4.96

SPSSによる2要因の分散分析（参加者内）の方法

1． SPSSを起動し，Excelファイルからデータを読み込む。データが読み込まれると，以下のような画面が表示される。

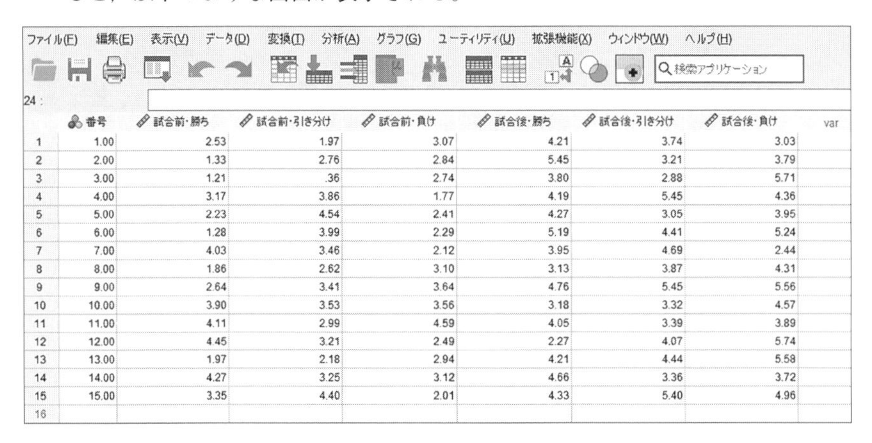

	番号	試合前・勝ち	試合前・引き分け	試合前・負け	試合後・勝ち	試合後・引き分け	試合後・負け	var
1	1.00	2.53	1.97	3.07	4.21	3.74	3.03	
2	2.00	1.33	2.76	2.84	5.45	3.21	3.79	
3	3.00	1.21	.36	2.74	3.80	2.88	5.71	
4	4.00	3.17	3.86	1.77	4.19	5.45	4.36	
5	5.00	2.23	4.54	2.41	4.27	3.05	3.95	
6	6.00	1.28	3.99	2.29	5.19	4.41	5.24	
7	7.00	4.03	3.46	2.12	3.95	4.69	2.44	
8	8.00	1.86	2.62	3.10	3.13	3.87	4.31	
9	9.00	2.64	3.41	3.64	4.76	5.45	5.56	
10	10.00	3.90	3.53	3.56	3.18	3.32	4.57	
11	11.00	4.11	2.99	4.59	4.05	3.39	3.89	
12	12.00	4.45	3.21	2.49	2.27	4.07	5.74	
13	13.00	1.97	2.18	2.94	4.21	4.44	5.58	
14	14.00	4.27	3.25	3.12	4.66	3.36	3.72	
15	15.00	3.35	4.40	2.01	4.33	5.40	4.96	
16								

2．［**変数 ビュー**］を開き，各変数の［**尺度**］を設定する。

・**尺度：**番号を「名義」，番号以外のすべての変数を「スケール」とする。

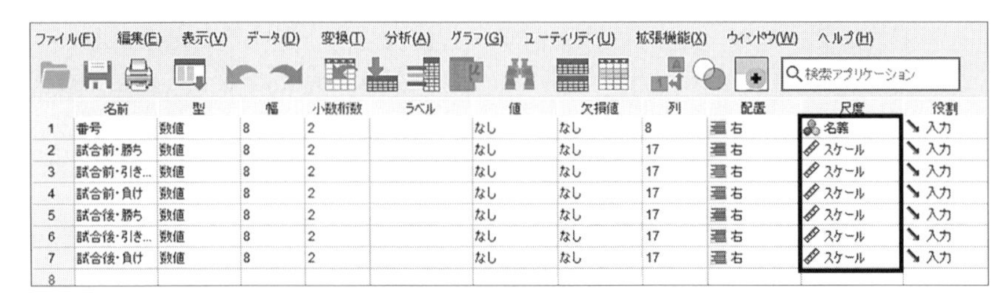

	名前	型	幅	小数桁数	ラベル	値	欠損値	列	配置	尺度	役割
1	番号	数値	8	2		なし	なし	8	右	名義	入力
2	試合前・勝ち	数値	8	2		なし	なし	17	右	スケール	入力
3	試合前・引き...	数値	8	2		なし	なし	17	右	スケール	入力
4	試合前・負け	数値	8	2		なし	なし	17	右	スケール	入力
5	試合後・勝ち	数値	8	2		なし	なし	17	右	スケール	入力
6	試合後・引き...	数値	8	2		なし	なし	17	右	スケール	入力
7	試合後・負け	数値	8	2		なし	なし	17	右	スケール	入力
8											

3． 2 要因の分散分析（参加者内）を実行する。

(1)［分析（A）］→［一般線型モデル（G）］→［反復測定（R)…］

SPSS による参加者内の分散分析の分析方法について

第 3 章課題 2 で参加者内の分散分析を行った際は［1 変量（U)…］を選択したが，今回は「試合の前後」という時間軸の上にある変数を扱うため，［反復測定（R)…］を用いて分析を行う。同じ内容を繰り返して測定した時間軸上の推移を分析する際には，反復測定を用いる。　※［1 変量（U)…］と［反復測定（R)…］の選択に関して，IBM 社より教示を受けた。

(2)［被験者内因子名（W)］に「試合の前後」，**［水準数（L)］**に「2」を入力して，**［追加（A)］**をクリックする。次に，**［被験者内因子名（W)］**に「試合の結果」，**［水準数（L)］**に「3」を入力して，**［追加（A)］**をクリックする。最後に，**［定義（F)］**をクリックする。

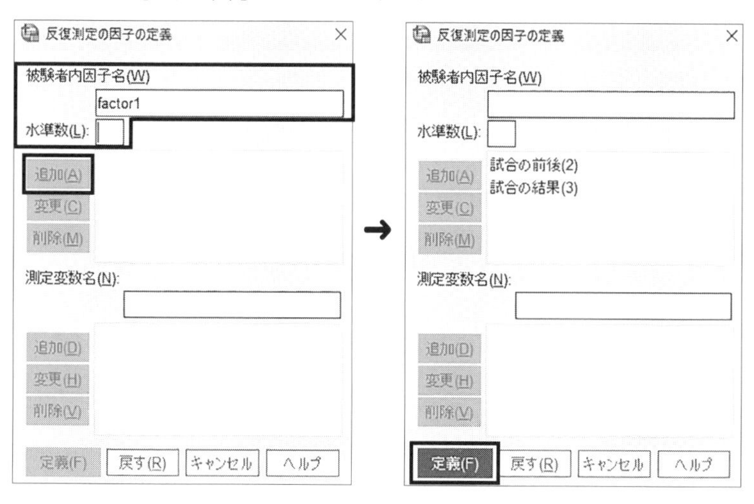

(3) 画面の中央にある矢印を用いて，番号以外のすべての変数を［**被験者内変数（W）**］に移動させる。

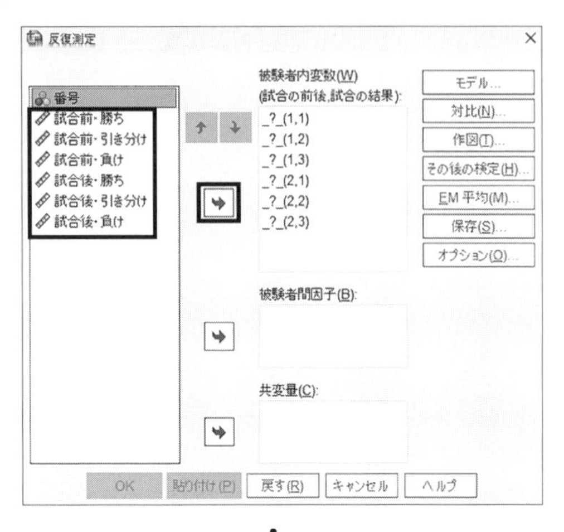

↓

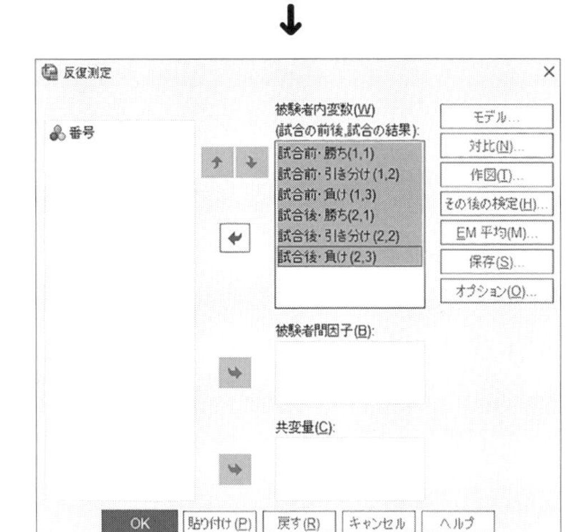

(4) ［**EM平均（M）...**］をクリックすると，以下のような画面が表示される。画面の中央にある矢印を用いて，「試合の前後」，「試合の結果」，「試合の前後*試合の結果」を［**平均値の表示（M）**］に移動させる。

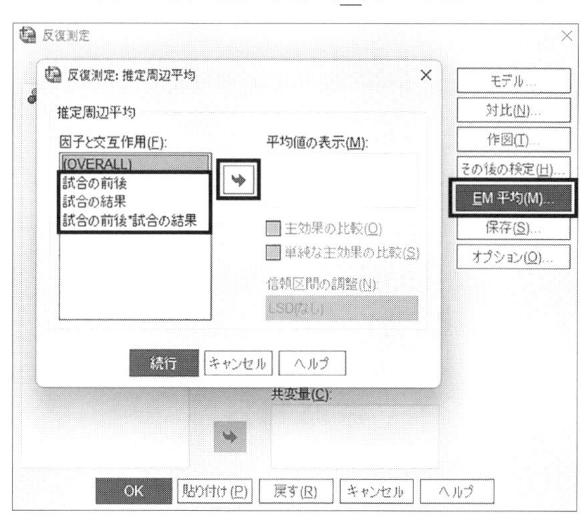

(5) ［**主効果の比較（O）**］と［**単純な主効果の比較（S）**］にチェックを入れる。［**信頼区間の調整（N）**］について，［**Bonferroni**］法を選択する。［**続行**］をクリックする。

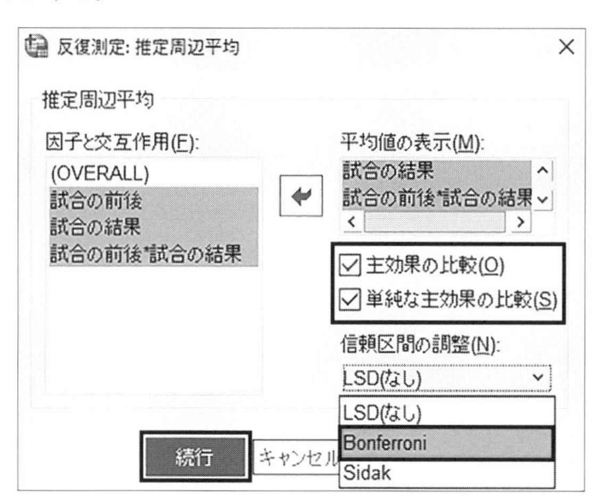

(6) ［オプション（O)...］をクリックすると，以下のような画面が表示される。［記述統計（D)］にチェックを入れ，［続行］をクリックする。最後に，［OK］をクリックする。

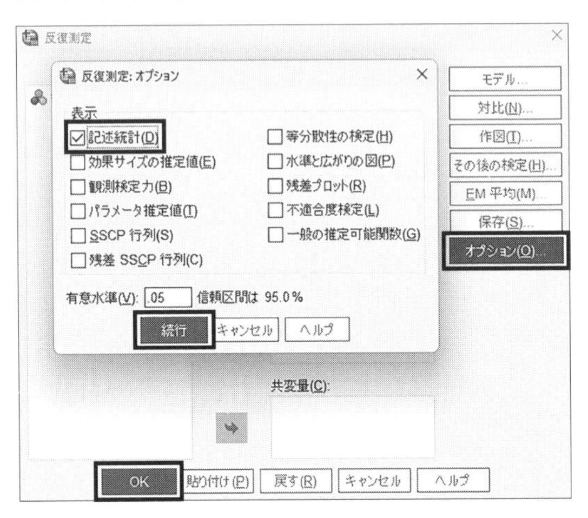

結果の見方

● **各変数の記述統計量：**

試合前に関しては，勝ったときのフィラー「エー」の使用数の平均値は2.82（SD=1.16）回，引き分けたときは3.10（SD=1.05）回，負けたときは2.85（SD=0.73）回であった。試合後に関しては，勝ったときは4.11（SD=0.81）回，引き分けたときは4.05（SD=0.89）回，負けたときは4.46（SD=1.01）回であった。

記述統計

	平均値	標準偏差	度数
試合前・勝ち	2.8220	1.15727	15
試合前・引き分け	3.1020	1.05450	15
試合前・負け	2.8460	.72710	15
試合後・勝ち	4.1100	.80727	15
試合後・引き分け	4.0487	.88969	15
試合後・負け	4.4567	1.00977	15

●2要因の分散分析（参加者内）の結果：

➡［Mauchlyの球面性検定］の結果を確認する。

［Mauchlyの球面性検定］の結果について

・球面性検定の結果が有意でない（$p > .05$）

└球面性の仮説が棄却されない

└被験者内効果の検定においては，**［球面性の仮定］**の行の検定結果を確認する。

・球面性検定の結果が有意である（$p < .05$）

└球面性の仮説が棄却される

└［Greenhouse-Geisser］や［Huynh-Feldt］の行の検定結果を確認する。

※球面性検定では，参加者内要因の水準数が3つ以上であることを前提としている。水準数が2である場合は，常に「球面性仮説が成り立つ」と解釈し，被験者内効果の検定における「球面性の仮定」の検定結果を確認する。

今回は，「試合の前後」は試合前と試合後という2水準からなるので，常に「球面性仮説が成り立つ」と解釈し，被験者内効果の検定における「球面性の仮定」の検定結果を確認する。また，「試合の結果（$p = .18$）」と「試合の前後*試合の結果（$p = .39$）」に関しては，球面性検定の結果が有意ではなかったので，球面性の仮説が棄却されなかった。よって，被験者内効果の検定における「球面性の仮定」の検定結果を確認する。

Mauchlyの球面性検定[a]

測定変数名: MEASURE_1

被験者内効果	MauchlyのW	近似カイ2乗	自由度	有意確率	ε[b] Greenhouse-Geisser	Huynh-Feldt	下限
試合の前後	1.000	.000	0	.	1.000	1.000	1.000
試合の結果	.771	3.388	2	.184	.813	.905	.500
試合の前後 * 試合の結果	.865	1.882	2	.390	.881	.998	.500

正規直交した変換従属変数の誤差共分散行列が単位行列に比例するという帰無仮説を検定します。

a. 計画: 切片
被験者計画内: 試合の前後 + 試合の結果 + 試合の前後 * 試合の結果

b. 有意性の平均検定の自由度調整に使用できる可能性があります。修正した検定は、被験者内効果の検定テーブルに表示されます。

5.1 交互作用なし

➡分散分析を行った結果，まず，交互作用を確認したところ，試合の前後×試合の結果の交互作用は $F(2, 28) = 1.09$（*n.s.*）であった。次に，2つの要因の主効果を確認したところ，試合の前後の主効果は $F(1, 14) = 30.03$（$p < .01$），試合の結果の主効果は $F(2, 28) = 0.29$（*n.s.*）であった。

被験者内効果の検定

測定変数名: MEASURE_1

ソース		タイプ III 平方和	自由度	平均平方	F 値	有意確率	偏イータ 2 乗
試合の前後	球面性の仮定	36.966	1	36.966	30.034	<.001	.682
	Greenhouse-Geisser	36.966	1.000	36.966	30.034	<.001	.682
	Huynh-Feldt	36.966	1.000	36.966	30.034	<.001	.682
	下限	36.966	1.000	36.966	30.034	<.001	.682
誤差 (試合の前後)	球面性の仮定	17.231	14	1.231			
	Greenhouse-Geisser	17.231	14.000	1.231			
	Huynh-Feldt	17.231	14.000	1.231			
	下限	17.231	14.000	1.231			
試合の結果	球面性の仮定	.521	2	.260	.290	.750	.020
	Greenhouse-Geisser	.521	1.627	.320	.290	.706	.020
	Huynh-Feldt	.521	1.811	.288	.290	.729	.020
	下限	.521	1.000	.521	.290	.598	.020
誤差 (試合の結果)	球面性の仮定	25.098	28	.896			
	Greenhouse-Geisser	25.098	22.775	1.102			
	Huynh-Feldt	25.098	25.348	.990			
	下限	25.098	14.000	1.793			
試合の前後 * 試合の結果	球面性の仮定	1.654	2	.827	1.087	.351	.072
	Greenhouse-Geisser	1.654	1.762	.938	1.087	.345	.072
	Huynh-Feldt	1.654	1.997	.828	1.087	.351	.072
	下限	1.654	1.000	1.654	1.087	.315	.072
誤差 (試合の前後x試合の結果)	球面性の仮定	21.293	28	.760			
	Greenhouse-Geisser	21.293	24.674	.863			
	Huynh-Feldt	21.293	27.956	.762			
	下限	21.293	14.000	1.521			

js-STAR による 2 要因の分散分析（参加者内）の方法

1. js-STAR のホームページを開くと，以下のような画面が表示される。
［sAB（2 要因参加者内）］をクリックする。

js-STAR XR+ release 1.6.0 j　　Programing by Satoshi Tanaka & nappa(Hiroyuki Nakano)

★彡 お知らせ
- TOP
- What's new!
- 動作確認・バグ状況

★彡 各種分析ツール

度数の分析
- 1×2表(正確二項検定)
- 1×2表：母比率不等
- 1×J表(カイ二乗検定)
- 2×2表(Fisher's exact test)
- i×J表(カイ二乗検定)
- 2×2×K表(層化解析)
- i×J×K表(3元モデル選択)
- i×J×K×L表(4元モデル選択)
- 自動評価判定1×2(グレード付与)
- 自動集計検定2×2(連関の探索)
- 対応のある度数の検定

t 検定
- t検定(参加者間) / ノンパラ
- t検定(参加者内) / ノンパラ

分散分析
- As(1要因参加者間)
- sA(1要因参加者内)
- ABs(2要因参加者間)
- AsB(2要因混合)
- sAB(2要因参加者内)
- ABCs(3要因参加者間)
- ABsC(3要因混合)
- AsBC(3要因混合)
- sABC(3要因参加者内)

TOP

■ すばやいデータ分析を可能にする，ブラウザで動く，フリーの統計ソフト！

js-STARは，わかりやすいインターフェースとかんたんな操作により，驚くほどすばやくデータ分析ができる，無償の統計ソフトです。
ブラウザ上で動作するため，WindowsでもMacでも使用できます。

動作確認は，Windows10 + GoogleChrome で行っています。

・ダウンロード はこちらです。
・第XR版（js-STAR ver 10）はこちらです。
・スマホ版はこちらです。

■ XR+の充実した機能！！

表計算ソフトや統計ソフトRとの連携もでき，かゆいところに手が届くデータ加工やjs-STARではできない高度な分析も可能にしています。

- 表計算ソフトのデータを，テキストエリアやセルに，かんたんに貼り付け
- データ加工を助ける各種ユーティリティ
- ほとんどのツールで，分析に必要なRプログラムを出力
- Rプログラムは，計算結果の読み取りとレポート作成を自動化
- Rプログラムは，ベイズファクタ分析に対応
- 図や数値を操作して統計の理解を深める各種シミュレーション

■ Rパッケージの更新のお願い

Rパッケージ「car」が2021年6月にバージョンアップされました。これにより旧バージョンを使用した分散分析等にエラーが生じます。次の対策をとってください。

2. 参加者数，要因名，水準数を入力する。

・**［参加者数］**に「15」を入力する。

・**［要因 A 名 _ 前］**に「試合の前後」を入力する。また，「試合前」と「試合後」という 2 水準でデータを収集したので，**［要因 A 水準数］**に「2」を入力する。

・**［要因 B 名 _ 前］**に「試合の結果」を入力する。また，「勝ち」，「引き分け」，「負け」という 3 水準でデータを収集したので，**［要因 B 水準数］**に「3」を入力する。

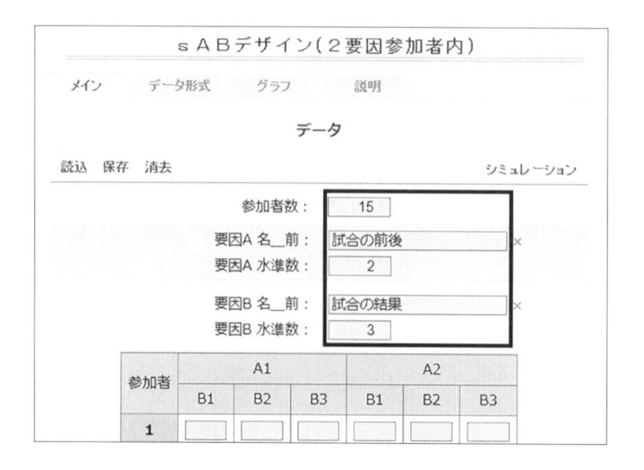

3．［代入］を用いてデータを一括入力する。

分析に用いるデータを以下の空欄に貼り付け，［代入］ボタンをクリックする。

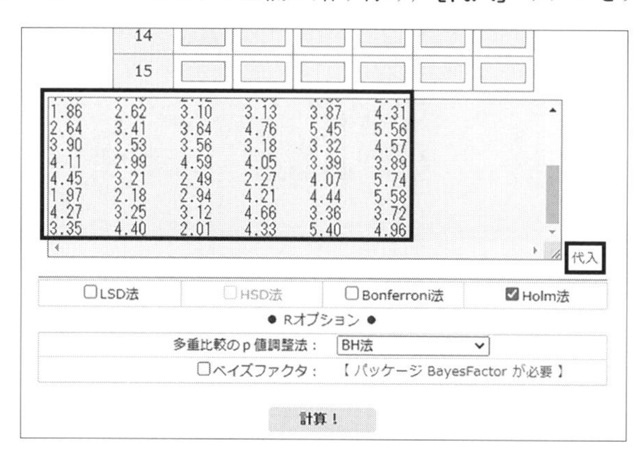

4．多重比較法の種類を選択する。［Bonferroni 法］にチェックを入れる。

5．［計算！］をクリックする。

結果の見方

●各水準の記述統計量および分散分析の結果：

まず，交互作用を確認したところ，試合の前後×試合の結果の交互作用は $F(2, 28) = 1.09$（*n.s.*）であった。次に，２つの要因の主効果を確認したところ，試合の前後の主効果は $F(1, 14) = 30.03$（$p < .01$），試合の結果の主効果は $F(2, 28) = 0.29$（*n.s.*）であった。

== Mean & S.D. (SDは標本標準偏差) ==

A= 試合の前後
B= 試合の結果

A	B	N	Mean	S.D.
1	1	15	2.8220	1.1180
1	2	15	3.1020	1.0187
1	3	15	2.8460	0.7024
2	1	15	4.1100	0.7799
2	2	15	4.0487	0.8595
2	3	15	4.4567	0.9755

== Analysis of Variance ==

A(2) = 試合の前後
B(3) = 試合の結果

S.V	SS	df	MS	F
subj	12.5764	14	0.8983	
A	36.9665	1	36.9665	30.03 **
sxA	17.2314	14	1.2308	
B	0.5208	2	0.2604	0.29 ns
sxB	25.0985	28	0.8964	
AxB	1.6538	2	0.8269	1.09 ns
sxAxB	21.2928	28	0.7605	
Total	115.3400	89	+p<.10 *p<.05 **p<.01	

課題1：結果の記述方法例

試合の前後および試合の結果によるサッカー選手のフィラー「エー」の使用状況の違いについて検討するために，試合の前後（2）×試合の結果（3）の２要因参加者内の分散分析を行った。その結果，試合の前後に関して有意な主効果が見られたが（$F(1, 14)=30.03$, $p<.01$），試合の結果の主効果（$F(2, 28)=0.29$, *n.s.*）および試合の前後と試合の結果の交互作用（$F(2, 28)=1.09$, *n.s.*）は有意ではなかった。試合前（$M=2.92$, $SD=0.98$）よりも試合後（$M=4.21$, $SD=0.90$）の「エー」の使用数の方が有意に多かった。

5.2 2要因の分散分析（参加者内）～交互作用あり～

研究課題

- ☑ スポーツ選手のフィラーの使用数が，試合の前後と試合の結果で変わるか分析する。
- ☑ 交互作用が認められる場合。

課題1では，サッカー選手のインタビューにおけるフィラー「エー」の使用状況について調べてみました。試合前よりも，試合後のインタビューにおいて「エー」がよく使われることが明らかとなりました。今度は，フィラー「マー」についても調べてみたいです。

では，課題1と同様に，サッカー選手のインタビューにおける「マー」の使用数を算出して，試合の前後（2）×試合の結果（3）の分散分析をやってみましょう。

課題 1 と同様に，サッカー選手 15 名分の試合の前後のインタビュー・データを収集した。試合の結果に関しては，「勝ち」，「引き分け」，「負け」に分類し，すべての選手に対してそれぞれ 1 回分のデータを収集した上で，1 分間当たりの「マー」の使用数を算出した。試合の前後および試合の結果によって，サッカー選手の「マー」の使用数が異なるかについて検討しなさい。

番号	試合前			試合後		
	勝ち	引き分け	負け	勝ち	引き分け	負け
1	6.95	2.43	6.80	5.82	8.32	9.93
2	7.51	2.69	5.12	6.00	2.92	11.38
3	6.99	7.20	4.44	8.28	5.21	9.38
4	3.30	7.60	5.69	6.01	3.91	10.14
5	3.76	4.04	5.33	6.41	7.90	8.28
6	5.17	7.08	5.68	1.38	5.42	10.63
7	3.65	4.68	2.13	3.73	3.44	9.39
8	5.62	4.32	5.33	10.47	3.56	10.48
9	1.85	3.68	1.98	6.83	7.41	5.64
10	4.63	7.55	6.00	6.17	7.83	7.21
11	5.05	6.37	1.20	6.05	8.89	8.43
12	1.42	7.62	4.08	6.65	3.82	7.63
13	3.13	6.82	3.57	6.55	5.06	10.97
14	5.22	5.72	4.16	4.31	4.67	9.40
15	4.38	3.75	2.68	3.83	4.74	6.23

SPSS による 2 要因の分散分析（参加者内）の方法

1． SPSS を起動し，Excel ファイルからデータを読み込む。データが読み込まれると，以下のような画面が表示される。

ファイル(F)　編集(E)　表示(V)　データ(D)　変換(T)　分析(A)　グラフ(G)　ユーティリティ(U)　拡張機能(X)　ウィンドウ(W)　ヘルプ(H)

22 :

	番号	試合前・勝ち	試合前・引き分け	試合前・負け	試合後・勝ち	試合後・引き分け	試合後・負け	var
1	1.00	6.95	2.43	6.80	5.82	8.32	9.93	
2	2.00	7.51	2.69	5.12	6.00	2.92	11.38	
3	3.00	6.99	7.20	4.44	8.28	5.21	9.38	
4	4.00	3.30	7.60	5.69	6.01	3.91	10.14	
5	5.00	3.76	4.04	5.33	6.41	7.90	8.28	
6	6.00	5.17	7.08	5.68	1.38	5.42	10.63	
7	7.00	3.65	4.68	2.13	3.73	3.44	9.39	
8	8.00	5.62	4.32	5.33	10.47	3.56	10.48	
9	9.00	1.85	3.68	1.98	6.83	7.41	5.64	
10	10.00	4.63	7.55	6.00	6.17	7.83	7.21	
11	11.00	5.05	6.37	1.20	6.05	8.89	8.43	
12	12.00	1.42	7.62	4.08	6.65	3.82	7.63	
13	13.00	3.13	6.82	3.57	6.55	5.06	10.97	
14	14.00	5.22	5.72	4.16	4.31	4.67	9.40	
15	15.00	4.38	3.75	2.68	3.83	4.74	6.23	
16								

2．［**変数 ビュー**］を開き，各変数の［**尺度**］を設定する。

・**尺度**：番号を「名義」，番号以外のすべての変数を「スケール」とする。

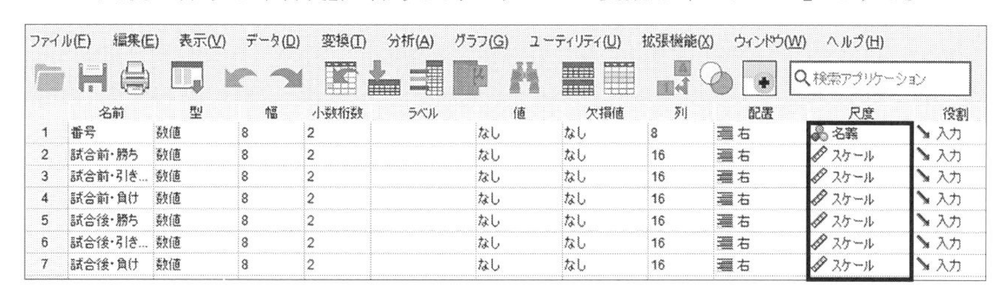

	名前	型	幅	小数桁数	ラベル	値	欠損値	列	配置	尺度	役割
1	番号	数値	8	2		なし	なし	8	右	名義	入力
2	試合前・勝ち	数値	8	2		なし	なし	16	右	スケール	入力
3	試合前・引き...	数値	8	2		なし	なし	16	右	スケール	入力
4	試合前・負け	数値	8	2		なし	なし	16	右	スケール	入力
5	試合後・勝ち	数値	8	2		なし	なし	16	右	スケール	入力
6	試合後・引き...	数値	8	2		なし	なし	16	右	スケール	入力
7	試合後・負け	数値	8	2		なし	なし	16	右	スケール	入力

3． 2 要因の分散分析（参加者内）を実行する。

(1)［分析（A）］→［一般線型モデル（G）］→［反復測定（R)...］

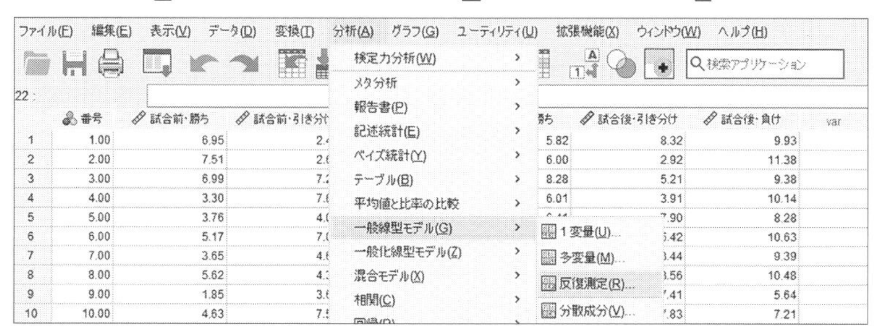

(2) ［**被験者内因子名（W）**］に「試合の前後」,［**水準数（L）**］に「2」を入力して,［**追加（A）**］をクリックする。次に,［**被験者内因子名（W）**］に「試合の結果」,［**水準数（L）**］に「3」を入力して,［**追加（A）**］をクリックする。最後に,［**定義（F）**］をクリックする。

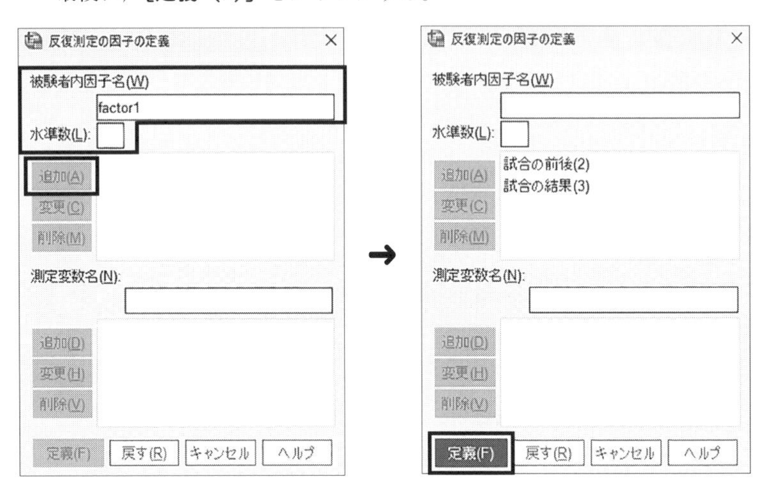

(3) 画面の中央にある矢印を用いて，番号以外のすべての変数を［**被験者内変数（W）**］に移動させる。

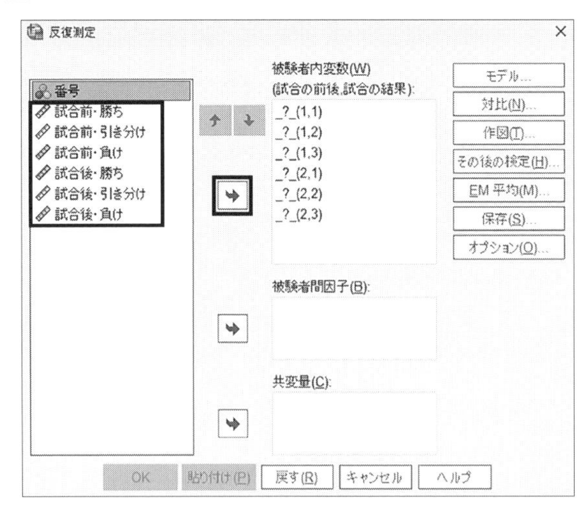

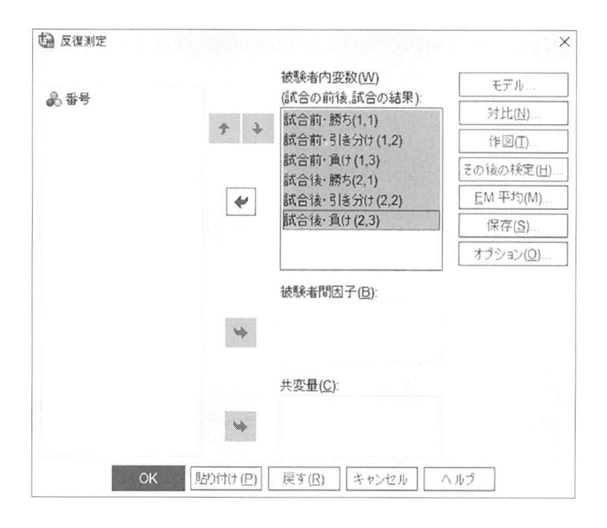

(4) ［EM 平均（M)...］をクリックすると，以下のような画面が表示される。画面の中央にある矢印を用いて，「試合の前後」，「試合の結果」，「試合の前後＊試合の結果」を［**平均値の表示（M)**］に移動させる。

(5) [**主効果の比較 (O)**] と [**単純な主効果の比較 (S)**] にチェックを入れる。[**信頼区間の調整 (N)**] について，[**Bonferroni**] 法を選択する。[**続行**] をクリックする。

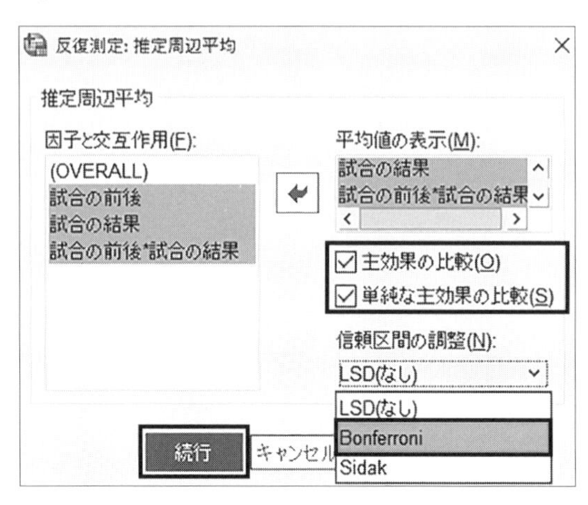

(6) [**オプション (O)...**] をクリックすると，以下のような画面が表示される。[**記述統計 (D)**] にチェックを入れ，[**続行**] をクリックする。最後に，[**OK**] をクリックする。

結果の見方

●各変数の記述統計量：

試合前に関しては，勝ったときのフィラー「マー」の使用数の平均値は 4.58（*SD*＝1.79）回，引き分けたときは 5.44（*SD*＝1.87）回，負けたときは 4.28（*SD*＝1.66）回であった。試合後に関しては，勝ったときは 5.90（*SD*＝2.08）回，引き分けたときは 5.54（*SD*＝2.00）回，負けたときは 9.01（*SD*＝1.73）回であった。

記述統計

	平均値	標準偏差	度数
試合前・勝ち	4.5753	1.78943	15
試合前・引き分け	5.4367	1.86841	15
試合前・負け	4.2793	1.66284	15
試合後・勝ち	5.8993	2.08285	15
試合後・引き分け	5.5400	1.99682	15
試合後・負け	9.0080	1.72998	15

●2 要因の分散分析（参加者内）の結果：

➡［Mauchly の球面性検定］の結果を確認する。

「試合の前後」は試合前と試合後という 2 水準からなるので，常に「球面性仮説が成り立つ」と解釈し，球面性の仮説が棄却されないので，被験者内効果の検定における「球面性の仮定」の検定結果を確認する。また,「試合の結果」と「試合の前後 * 試合の結果」に関しては，球面性検定の結果が有意ではなかったので，球面性の仮説が棄却されなかった。よって，被験者内効果の検定における「球面性の仮定」の検定結果を確認する。

Mauchly の球面性検定[a]

測定変数名: MEASURE_1

					ε[b]		
被験者内効果	Mauchly の W	近似カイ 2 乗	自由度	有意確率	Greenhouse-Geisser	Huynh-Feldt	下限
試合の前後	1.000	.000	0	.	1.000	1.000	1.000
試合の結果	.878	1.692	2	.429	.891	1.000	.500
試合の前後 * 試合の結果	.954	.618	2	.734	.956	1.000	.500

正規直交した変換従属変数の誤差共分散行列が単位行列に比例するという帰無仮説を検定します。

a. 計画: 切片
被験者計画内: 試合の前後 + 試合の結果 + 試合の前後 * 試合の結果

b. 有意性の平均検定の自由度調整に使用できる可能性があります。修正した検定は、被験者内効果の検定テーブルに表示されます。

5.2 交互作用あり

➡分散分析を行った結果，まず，交互作用を確認したところ，試合の前後×試合の結果の交互作用は $F(2, 28) = 12.14$（$p < .01$）であった。次に，2つの要因の主効果を確認したところ，試合の前後の主効果は $F(1, 14) = 46.19$（$p < .01$），試合の結果の主効果は $F(2, 28) = 4.48$（$p < .05$）であった。

被験者内効果の検定

測定変数名: MEASURE_1

ソース		タイプ III 平方和	自由度	平均平方	F 値	有意確率	偏イータ 2 乗
試合の前後	球面性の仮定	94.741	1	94.741	46.194	<.001	.767
	Greenhouse-Geisser	94.741	1.000	94.741	46.194	<.001	.767
	Huynh-Feldt	94.741	1.000	94.741	46.194	<.001	.767
	下限	94.741	1.000	94.741	46.194	<.001	.767
誤差 (試合の前後)	球面性の仮定	28.713	14	2.051			
	Greenhouse-Geisser	28.713	14.000	2.051			
	Huynh-Feldt	28.713	14.000	2.051			
	下限	28.713	14.000	2.051			
試合の結果	球面性の仮定	33.756	2	16.878	4.477	.021	.242
	Greenhouse-Geisser	33.756	1.783	18.937	4.477	.025	.242
	Huynh-Feldt	33.756	2.000	16.878	4.477	.021	.242
	下限	33.756	1.000	33.756	4.477	.053	.242
誤差 (試合の結果)	球面性の仮定	105.563	28	3.770			
	Greenhouse-Geisser	105.563	24.955	4.230			
	Huynh-Feldt	105.563	28.000	3.770			
	下限	105.563	14.000	7.540			
試合の前後 * 試合の結果	球面性の仮定	86.189	2	43.094	12.140	<.001	.464
	Greenhouse-Geisser	86.189	1.911	45.095	12.140	<.001	.464
	Huynh-Feldt	86.189	2.000	43.094	12.140	<.001	.464
	下限	86.189	1.000	86.189	12.140	.004	.464
誤差 (試合の前後x試合の結果)	球面性の仮定	99.391	28	3.550			
	Greenhouse-Geisser	99.391	26.758	3.714			
	Huynh-Feldt	99.391	28.000	3.550			
	下限	99.391	14.000	7.099			

● **多重比較の結果：**

試合の結果についてBonferroni法による多重比較を行った結果，勝ったときと負けたときとの間に有意な差が見られ，勝ったとき（$M = 5.24$, $SD = 2.02$）よりも，負けたとき（$M = 6.64$, $SD = 2.93$）の「マー」の使用数の方が有意に多かった。一方，勝ったときと引き分けたとき（$M = 5.49$, $SD = 1.90$），引き分けたときと負けたときとの間には有意な差が見られなかった。

推定値

測定変数名: MEASURE_1

試合の結果	平均値	標準誤差	95% 信頼区間 下限	上限
1	5.237	.364	4.456	6.019
2	5.488	.341	4.758	6.219
3	6.644	.372	5.845	7.442

ペアごとの比較

測定変数名: MEASURE_1

(I) 試合の結果	(J) 試合の結果	平均値の差 (I-J)	標準誤差	有意確率[b]	95% 平均差信頼区間[b] 下限	上限
1	2	-.251	.538	1.000	-1.714	1.212
	3	-1.406*	.405	.011	-2.506	-.306
2	1	.251	.538	1.000	-1.212	1.714
	3	-1.155	.548	.161	-2.645	.335
3	1	1.406*	.405	.011	.306	2.506
	2	1.155	.548	.161	-.335	2.645

推定周辺平均に基づいた

*. 平均値の差は .05 水準で有意です。

b. 多重比較の調整: Bonferroni。

● **単純主効果の結果：**

試合の結果における選手の単純主効果

負けたときにおいては，試合の前後の単純主効果が見られ，試合の前よりも試合の後の「マー」の使用数の方が有意に多いことが示された。

推定値

測定変数名: MEASURE_1

試合の前後	試合の結果	平均値	標準誤差	95% 信頼区間 下限	上限
1	1	4.575	.462	3.584	5.566
	2	5.437	.482	4.402	6.471
	3	4.279	.429	3.358	5.200
2	1	5.899	.538	4.746	7.053
	2	5.540	.516	4.434	6.646
	3	9.008	.447	8.050	9.966

ペアごとの比較

測定変数名: MEASURE_1

試合の結果	(I) 試合の前後	(J) 試合の前後	平均値の差 (I-J)	標準誤差	有意確率[b]	95% 平均差信頼区間[b]	
						下限	上限
1	1	2	-1.324	.688	.075	-2.801	.153
	2	1	1.324	.688	.075	-.153	2.801
2	1	2	-.103	.730	.889	-1.669	1.462
	2	1	.103	.730	.889	-1.462	1.669
3	1	2	-4.729*	.462	<.001	-5.719	-3.738
	2	1	4.729*	.462	<.001	3.738	5.719

推定周辺平均に基づいた

*. 平均値の差は .05 水準で有意です。

b. 多重比較の調整: Bonferroni。

多変量検定

試合の結果		値	F 値	仮説自由度	誤差自由度	有意確率	偏イータ 2 乗
1	Pillai のトレース	.209	3.698[a]	1.000	14.000	.075	.209
	Wilks のラムダ	.791	3.698[a]	1.000	14.000	.075	.209
	Hotelling のトレース	.264	3.698[a]	1.000	14.000	.075	.209
	Roy の最大根	.264	3.698[a]	1.000	14.000	.075	.209
2	Pillai のトレース	.001	.020[a]	1.000	14.000	.889	.001
	Wilks のラムダ	.999	.020[a]	1.000	14.000	.889	.001
	Hotelling のトレース	.001	.020[a]	1.000	14.000	.889	.001
	Roy の最大根	.001	.020[a]	1.000	14.000	.889	.001
3	Pillai のトレース	.882	104.869[a]	1.000	14.000	<.001	.882
	Wilks のラムダ	.118	104.869[a]	1.000	14.000	<.001	.882
	Hotelling のトレース	7.491	104.869[a]	1.000	14.000	<.001	.882
	Roy の最大根	7.491	104.869[a]	1.000	14.000	<.001	.882

F 値はそれぞれ表示された他の効果の各水準の組み合わせ内の 試合の前後 の多変量単純効果を検定します。このような検定は推定周辺平均間で線型に独立したペアごとの比較に基づいています。

a. 正確統計量

試合の前後における試合の結果の単純主効果

試合の後においては，試合の結果の単純主効果が見られ，勝ったときと引き分けたときよりも，負けたときの「マー」の使用数の方が有意に多いことが示された。

推定値

測定変数名: MEASURE_1

試合の前後	試合の結果	平均値	標準誤差	95% 信頼区間	
				下限	上限
1	1	4.575	.462	3.584	5.566
	2	5.437	.482	4.402	6.471
	3	4.279	.429	3.358	5.200
2	1	5.899	.538	4.746	7.053
	2	5.540	.516	4.434	6.646
	3	9.008	.447	8.050	9.966

ペアごとの比較

測定変数名: MEASURE_1

試合の前後	(I) 試合の結果	(J) 試合の結果	平均値の差 (I-J)	標準誤差	有意確率[b]	95% 平均差信頼区間[b] 下限	上限
1	1	2	-.861	.768	.843	-2.949	1.226
		3	.296	.487	1.000	-1.027	1.619
	2	1	.861	.768	.843	-1.226	2.949
		3	1.157	.640	.276	-.582	2.897
	3	1	-.296	.487	1.000	-1.619	1.027
		2	-1.157	.640	.276	-2.897	.582
2	1	2	.359	.744	1.000	-1.664	2.382
		3	-3.109*	.692	.002	-4.989	-1.228
	2	1	-.359	.744	1.000	-2.382	1.664
		3	-3.468*	.812	.002	-5.674	-1.262
	3	1	3.109*	.692	.002	1.228	4.989
		2	3.468*	.812	.002	1.262	5.674

推定周辺平均に基づいた

*. 平均値の差は .05 水準で有意です。

b. 多重比較の調整: Bonferroni。

多変量検定

試合の前後		値	F 値	仮説自由度	誤差自由度	有意確率	偏イータ 2 乗
1	Pillai のトレース	.199	1.610[a]	2.000	13.000	.237	.199
	Wilks のラムダ	.801	1.610[a]	2.000	13.000	.237	.199
	Hotelling のトレース	.248	1.610[a]	2.000	13.000	.237	.199
	Roy の最大根	.248	1.610[a]	2.000	13.000	.237	.199
2	Pillai のトレース	.644	11.762[a]	2.000	13.000	.001	.644
	Wilks のラムダ	.356	11.762[a]	2.000	13.000	.001	.644
	Hotelling のトレース	1.810	11.762[a]	2.000	13.000	.001	.644
	Roy の最大根	1.810	11.762[a]	2.000	13.000	.001	.644

F 値はそれぞれ表示された他の効果の各水準の組み合わせ内の 試合の結果 の多変量単純効果を検定します。このような検定は推定周辺平均間で線型に独立したペアごとの比較に基づいています。

a. 正確統計量

js-STARによる2要因の分散分析（参加者内）の方法

1. js-STARのホームページを開くと，以下のような画面が表示される。
［sAB（2要因参加者内）］をクリックする。

js-STAR XR+ release 1.6.0
Programing by Satoshi Tanaka & nappa(Hiroyuki Nakano)

★彡 お知らせ
- TOP
- What's new!
- 動作確認・バグ状況

★彡 各種分析ツール

度数の分析
- 1×2表(正確二項検定)
- 1×2表：母比率不等
- 1×J表(カイ二乗検定)
- 2×2表(Fisher's exact test)
- i×J表(カイ二乗検定)
- 2×2×K表(層化解析)
- i×J×K表(3元モデル選択)
- i×J×K×L表(4元モデル選択)
- 自動評価判定1×2(グレード付与)
- 自動集計検定2×2(連関の探索)
- 対応のある度数の検定

t検定
- t検定(参加者間) / ノンパラ
- t検定(参加者内) / ノンパラ

分散分析
- As(1要因参加者間)
- sA(1要因参加者内)
- ABs(2要因参加者間)
- AsB(2要因混合)
- sAB(2要因参加者内)
- ABCs(3要因参加者間)

TOP

■ すばやいデータ分析を可能にする，ブラウザで動く，フリーの統計ソフト！

js-STARは，わかりやすいインターフェースとかんたんな操作により，驚くほどすばやくデータ分析ができる，無償の統計ソフトです。
ブラウザ上で動作するため，WindowsでもMacでも使用できます。

動作確認は，Windows10 + GoogleChrome で行っています。

・ダウンロード はこちらです。
・第XR版（js-STAR ver 10） はこちらです。
・スマホ版はこちらです。

■ XR+の充実した機能！！

表計算ソフトや統計ソフトRとの連携もでき，かゆいところに手が届くデータ加工やjs-STARではできない高度な分析も可能にしています。

- 表計算ソフトのデータを，テキストエリアやセルに，かんたんに貼り付け
- データ加工を助ける各種ユーティリティ
- ほとんどのツールで，分析に必要なRプログラムを出力
- Rプログラムは，計算結果の読み取りとレポート作成を自動化
- Rプログラムは，ベイズファクタ分析に対応
- 図や数値を操作して統計の理解を深める各種シミュレーション

■ Rパッケージの更新のお願い

2. 参加者数，要因名，水準数を入力する。

・**［参加者数］**に「15」を入力する。

・**［要因A 名_前］**に「試合の前後」を入力する。また，「試合前」と「試合後」という2水準でデータを収集したので，**［要因A 水準数］**に「2」を入力する。

・**［要因B 名_前］**に「試合の結果」を入力する。また，「勝ち」，「引き分け」，「負け」という3水準でデータを収集したので，**［要因B 水準数］**に「3」を入力する。

sABデザイン(２要因参加者内)

メイン　データ形式　グラフ　説明

データ

読込　保存　消去　シミュレーション

参加者数：15
要因A 名＿前：試合の前後
要因A 水準数：2
要因B 名＿前：試合の結果
要因B 水準数：3

参加者	A1			A2		
	B1	B2	B3	B1	B2	B3
1						

3．［代入］を用いてデータを一括入力する。

分析に用いるデータを以下の空欄に貼り付け，**［代入］**ボタンをクリックする。

4．多重比較法の種類を選択する。**［Bonferroni 法］**にチェックを入れる。

5.［計算！］をクリックする。

結果の見方

●各水準の記述統計量および分散分析の結果：

まず，交互作用を確認したところ，試合の前後×試合の結果の交互作用は $F(2, 28) = 12.14$（$p < .01$）であった。次に，2つの要因の主効果を確認したところ，試合の前後の主効果は $F(1, 14) = 46.19$（$p < .01$），試合の結果の主効果は $F(2, 28) = 4.48$（$p < .05$）であった。

```
== Mean & S.D. ( SDは標本標準偏差 ) ==

 A= 試合の前後
 B= 試合の結果
----------------------------------------------------
A        B        N           Mean          S.D.
----------------------------------------------------
1        1        15          4.5753        1.7288
1        2        15          5.4367        1.8051
1        3        15          4.2793        1.6065

2        1        15          5.8993        2.0122
2        2        15          5.5400        1.9291
2        3        15          9.0080        1.6713
----------------------------------------------------
```

```
== Analysis of Variance ==

A(2) = 試合の前後
B(3) = 試合の結果
----------------------------------------------------
S.V          SS        df        MS        F
----------------------------------------------------
subj      57.2028      14      4.0859
----------------------------------------------------
 A        94.7408       1     94.7408    46.19 **
sxA       28.7130      14      2.0509
----------------------------------------------------
 B        33.7557       2     16.8778     4.48  *
sxB      105.5630      28      3.7701
----------------------------------------------------
AxB       86.1887       2     43.0944    12.14 **
sxAxB     99.3909      28      3.5497
----------------------------------------------------
Total    505.5550      89    +p<.10 *p<.05 **p<.01
```

A：試合の前後の主効果
B：試合の結果の主効果
A × B：交互作用の結果

●単純主効果の結果：

負けたときにおいて試合の前後の単純主効果が見られ，試合の前よりも試合の後の「マー」の使用数の方が有意に多かった。また，試合の後において試合の結果の単純主効果が見られ，勝ったときと引き分けたときよりも，負けたときの「マー」の使用数の方が有意に多かった。

```
== Analysis of AxB Interaction ==

    S.V           SS        df        MS          F
-------------------------------------------------------------
A  at B1:       13.1473      1     13.1473     3.70  +
(sxA at B1:     49.7690     14      3.5549 )
-------------------------------------------------------------
A  at B2:        0.0801      1      0.0801     0.02 ns
(sxA at B2:     55.9467     14      3.9962 )
-------------------------------------------------------------
A  at B3:      167.7022      1    167.7022   104.87 **
(sxA at B3:     22.3883     14      1.5992 )
-------------------------------------------------------------
B  at A1:       10.8447      2      5.4223     1.75 ns
(sxB at A1:     86.5457     28      3.0909 )
-------------------------------------------------------------
B  at A2:      109.0998      2     54.5499    12.90 **
(sxB at A2:    118.4082     28      4.2289 )
-------------------------------------------------------------

== Multiple Comparisons by Bonferroni ==

B at A2 Level
(MSe=     4.2289, * p<.05 , alpha'= 0.0167)
(BONF=      1.9118)
-------------------------------------------------------------
  B1  =  B2  n.s.
  B1  <  B3   *
  B2  <  B3   *
-------------------------------------------------------------
```

A at B3：
「負けたとき」における
試合の前後の単純主効果

B at A2：
「試合後」における試合の
結果の単純主効果

● 多重比較の結果：

試合の結果について Bonferroni 法による多重比較を行った結果，勝ったときと負けたときとの間に有意な差が見られ，勝ったときよりも，負けたときの「マー」の使用数の方が有意に多かった。一方，勝ったときと引き分けたとき，引き分けたときと負けたときとの間には有意な差が見られなかった。

```
== Multiple Comparisons by Bonferroni ==

(MSe=     3.7701, * p<.05 , alpha'= 0.0167)
(BONF=      1.2764)
-------------------------------------------------
[Main Effect of Factor B]
 B     N                  Mean
-------------------------------------------------
 1         30          5.2373
 2         30          5.4883
 3         30          6.6437
-------------------------------------------------
   B1  =  B2  n.s.
   B1  <  B3   *
   B2  =  B3  n.s.
-------------------------------------------------
```

課題2：結果の記述方法例

試合の前後および試合の結果によるサッカー選手のフィラー「マー」の使用状況の違いについて検討するために，試合の前後（2）×試合の結果（3）の２要因参加者内の分散分析を行った。その結果，試合の前後の主効果（$F(1, 14)=46.19$, $p<.01$），試合の結果の主効果（$F(2, 28)=4.48$, $p<.05$），試合の前後と試合の結果の交互作用（$F(2, 28)=12.14$, $p<.01$）はいずれも有意であった。交互作用が認められたため，単純主効果の検定を行った。その結果，負けたときにおいて試合の前後の単純主効果が見られ（$F(1, 14)=104.87$, $p<.01$），試合の前（$M=4.28$, $SD=1.66$）よりも試合の後の「マー」の使用数（$M=9.01$, $SD=1.73$）の方が有意に多かった。また，試合の後において試合の結果の単純主効果が見られた（$F(2, 28)=12.90$, $p<.01$）。Bonferroni 法による多重比較を行った結果，勝ったとき（$M=5.90$, $SD=2.08$）と引き分けたとき（$M=5.54$, $SD=2.00$）よりも，負けたときの「マー」の使用数の方が有意に多かった。勝ったときと引き分けたときとの間には有意な差が見られなかった。

練習問題1

留学期間の長さによる日本語能力の違いについて検討を行うために，日本語学校に在籍する中国人留学生15名に対して定期的な日本語のテストを行った。留学する直前，留学して半年後，留学して1年後という3時点でテストを行った。また，テストの内容は言語知識と聴解からなる。留学することによって，言語知識と聴解の成績が変わるかについて検討しなさい。

番号	留学する直前		留学して半年後		留学して1年後	
	言語知識	聴解	言語知識	聴解	言語知識	聴解
1	24	37	51	57	59	79
2	45	40	48	66	83	73
3	59	51	58	50	62	54
4	75	45	58	59	75	75
5	24	51	48	58	68	79
6	55	20	45	47	69	70
7	44	57	56	39	72	58
8	37	54	47	58	77	61
9	28	28	56	48	71	61
10	42	7	64	49	92	61
11	63	13	44	59	44	43
12	28	48	71	67	73	65
13	49	30	44	52	70	46
14	54	61	60	47	76	44
15	43	43	59	77	56	69

解答

SPSSによる2要因参加者内の分散分析を行った結果，留学期間の長さに関して有意な主効果が見られたが（$F(2, 28)=28.65, p<.01$），テストの種類の主効果（$F(1, 14)=1.62$, *n.s.*）および留学期間の長さとテストの種類の交互作用（$F(1.39, 19.47)=1.29$, *n.s.*）は有意ではなかった。留学期間につい

てBonferroni法による多重比較を行った結果，留学する直前（M=41.83, SD=15.66）の点数が最も低く，次は留学して半年後（M=54.73, SD=8.75），留学して1年後（M=66.17, SD=12.10）は最も高かった。

記述統計

	平均値	標準偏差	度数
留学直前・言語	44.6667	15.00793	15
留学直前・聴解	39.0000	16.30513	15
留学半年後・言語	53.9333	8.02199	15
留学半年後・聴解	55.5333	9.64266	15
留学一年後・言語	69.8000	11.45924	15
留学一年後・聴解	62.5333	11.98133	15

Mauchly の球面性検定[a]

測定変数名: MEASURE_1

					ε[b]		
被験者内効果	Mauchly の W	近似カイ 2 乗	自由度	有意確率	Greenhouse-Geisser	Huynh-Feldt	下限
留学期間	.802	2.864	2	.239	.835	.935	.500
テスト	1.000	.000	0	.	1.000	1.000	1.000
留学期間 * テスト	.562	7.490	2	.024	.695	.748	.500

正規直交した変換従属変数の誤差共分散行列が単位行列に比例するという帰無仮説を検定します。

a. 計画: 切片
被験者計画内: 留学期間 + テスト + 留学期間 * テスト

b. 有意性の平均検定の自由度調整に使用できる可能性があります。修正した検定は、被験者内効果の検定テーブルに表示されます。

被験者内効果の検定

測定変数名: MEASURE_1

ソース		タイプ III 平方和	自由度	平均平方	F 値	有意確率	偏イータ 2 乗
留学期間	球面性の仮定	8892.422	2	4446.211	28.646	<.001	.672
	Greenhouse-Geisser	8892.422	1.670	5325.411	28.646	<.001	.672
	Huynh-Feldt	8892.422	1.869	4757.434	28.646	<.001	.672
	下限	8892.422	1.000	8892.422	28.646	<.001	.672
誤差 (留学期間)	球面性の仮定	4345.911	28	155.211			
	Greenhouse-Geisser	4345.911	23.377	185.903			
	Huynh-Feldt	4345.911	26.168	166.075			
	下限	4345.911	14.000	310.422			
テスト	球面性の仮定	321.111	1	321.111	1.616	.224	.103
	Greenhouse-Geisser	321.111	1.000	321.111	1.616	.224	.103
	Huynh-Feldt	321.111	1.000	321.111	1.616	.224	.103
	下限	321.111	1.000	321.111	1.616	.224	.103
誤差 (テスト)	球面性の仮定	2781.889	14	198.706			
	Greenhouse-Geisser	2781.889	14.000	198.706			
	Huynh-Feldt	2781.889	14.000	198.706			
	下限	2781.889	14.000	198.706			
留学期間 * テスト	球面性の仮定	334.956	2	167.478	1.287	.292	.084
	Greenhouse-Geisser	334.956	1.391	240.827	1.287	.286	.084
	Huynh-Feldt	334.956	1.496	223.906	1.287	.288	.084
	下限	334.956	1.000	334.956	1.287	.276	.084
誤差 (留学期間xテスト)	球面性の仮定	3644.044	28	130.144			
	Greenhouse-Geisser	3644.044	19.472	187.143			
	Huynh-Feldt	3644.044	20.943	173.994			
	下限	3644.044	14.000	260.289			

推定値

測定変数名: MEASURE_1

留学期間	平均値	標準誤差	95% 信頼区間 下限	95% 信頼区間 上限
1	41.833	2.701	36.041	47.626
2	54.733	1.697	51.095	58.372
3	66.167	2.303	61.227	71.106

ペアごとの比較

測定変数名: MEASURE_1

(I) 留学期間	(J) 留学期間	平均値の差 (I-J)	標準誤差	有意確率[b]	95% 平均差信頼区間[b] 下限	95% 平均差信頼区間[b] 上限
1	2	-12.900*	3.160	.003	-21.487	-4.313
	3	-24.333*	3.808	<.001	-34.683	-13.984
2	1	12.900*	3.160	.003	4.313	21.487
	3	-11.433*	2.561	.002	-18.392	-4.474
3	1	24.333*	3.808	<.001	13.984	34.683
	2	11.433*	2.561	.002	4.474	18.392

推定周辺平均に基づいた

*. 平均値の差は .05 水準で有意です。

b. 多重比較の調整: Bonferroni。

多変量検定

	値	F 値	仮説自由度	誤差自由度	有意確率	偏イータ 2 乗
Pillai のトレース	.749	19.437[a]	2.000	13.000	<.001	.749
Wilks のラムダ	.251	19.437[a]	2.000	13.000	<.001	.749
Hotelling のトレース	2.990	19.437[a]	2.000	13.000	<.001	.749
Roy の最大根	2.990	19.437[a]	2.000	13.000	<.001	.749

F 値はそれぞれ 留学期間 の多変量効果を検定します。このような検定は推定周辺平均間で線型に独立したペアごとの比較に基づいています。

a. 正確統計量

練習問題2

ある日本語教育の授業法の効果について検討を行うために，日本語学校に在籍する中国人留学生 30 名に対して日本語の授業を行い，授業の前後において言語知識と読解に関するテストを実施した。授業を受けることによって，言語知識と読解の成績が変わるかについて検討しなさい。

番号	授業前		授業後	
	言語知識	読解	言語知識	読解
1	3	3	3	7
2	5	4	3	6
3	1	3	5	8
4	5	4	4	3
5	7	4	5	5
6	1	3	2	6
7	3	6	3	10
8	1	4	7	5
9	1	4	3	8
10	2	4	4	7
⋮	⋮	⋮	⋮	⋮
28	2	7	5	8
29	5	3	5	6
30	2	5	2	7

解答

js-STARによる２要因参加者内の分散分析を行った結果，授業の前後の主効果（$F(1, 29)=32.31, p<.01$），テストの種類の主効果（$F(1, 29)=23.44, p<.01$），授業の前後とテストの種類の交互作用（$F(1, 29)=15.22, p<.01$）はいずれも有意であった。交互作用が認められたため，単純主効果の検定を行った。その結果，読解においては授業の前後の単純主効果が見られ（$F(1, 29)=42.34, p<.01$），授業前（$M=4.13, SD=1.45$）よりも授業後の読解の成績（$M=6.70, SD=1.53$）の方が有意に高かった。また，授業後においてはテストの種類の単純主効果が見られ（$F(1, 29)=43.95, p<.01$），言語知識（$M=4.00, SD=1.46$）よりも読解の成績の方が有意に高かった。

== Mean & S.D. (SDは標本標準偏差) ==

A= 授業の前後
B= テスト（言語知識・読解）

A	B	N	Mean	S.D.
1	1	30	3.7333	1.6918
1	2	30	4.1333	1.4545
2	1	30	4.0000	1.4606
2	2	30	6.7000	1.5308

== Analysis of Variance ==

A(2) = 授業の前後
B(2) = テスト（言語知識・読解）

S.V	SS	df	MS	F
subj	64.8417	29	2.2359	
A	60.2083	1	60.2083	32.31 **
sxA	54.0417	29	1.8635	
B	72.0750	1	72.0750	23.44 **
sxB	89.1750	29	3.0750	
AxB	39.6750	1	39.6750	15.22 **
sxAxB	75.5750	29	2.6060	
Total	455.5917	119	+p<.10 *p<.05 **p<.01	

== Analysis of AxB Interaction ==

S.V	SS	df	MS	F
A at B1:	1.0667	1	1.0667	0.50 ns
(sxA at B1:	61.9333	29	2.1356)	
A at B2:	98.8167	1	98.8167	42.34 **
(sxA at B2:	67.6833	29	2.3339)	
B at A1:	2.4000	1	2.4000	0.75 ns
(sxB at A1:	92.6000	29	3.1931)	
B at A2:	109.3500	1	109.3500	43.95 **
(sxB at A2:	72.1500	29	2.4879)	

第6章

2要因の分散分析

（混合計画）

参加者間と参加者内の組み合わせで
2要因の平均の違いを検定しよう

エン先生からの事前講義

本章では，**2 要因混合計画の分散分析**について解説します。2 要因混合計画の分散分析は，**参加者間要因と参加者内要因の組み合わせ**からなります。

例 英語力に影響を及ぼす要因について検討する。教育年数によって調査協力者を高群と低群に分け，全員に対して英語のテストを実施する。テスト内容はリスニングとリーディングからなる。

「教育年数」要因に関しては，すべての調査協力者を 2 群に分けるので，各群のメンバーは別々の人となり，参加者間となります。「テストの種類」要因に関しては，同一の調査協力者に対してリスニングとリーディングという 2 種類のテストを実施するので，参加者内となります。このように，参加者間と参加者内を組み合わせた計画の場合には，2 要因混合計画の分散分析を使います。

2 要因混合計画の分散分析の例：教育年数が英語力に及ぼす影響

番号	教育年数	英語テスト	
		リスニング	リーディング
1	1	37	64
2	1	70	45
3	1	82	59
4	1	67	61
5	1	56	85
6	2	44	22
7	2	73	44
8	2	29	43
9	2	60	53
10	2	34	52

注）「教育年数」について，高群を 1，低群を 2 とする。

6.1 2要因の分散分析（混合計画）～交互作用なし～

研究課題

- ☑ スポーツ選手のフィラーの使用数が，スポーツの種類と試合の前後で変わるか分析する。
- ☑ 交互作用が認められない場合。

ここまでで，分散分析には参加者間と参加者内の2パターンがあることがわかりました。そして，3つ以上の水準があるときには多重比較を行うこと，要因が2つ以上あるときには交互作用を見る必要があるんでしたね。

そのとおりです。でも，要因数が2つ以上の場合にはもう1つあるんです。それが「混合計画」とよばれるものです。これは，参加者間と参加者内を組み合わせる方法です。

……複雑ですね。どういうことですか？

例えば，野球選手とサッカー選手のフィラーの使用状況を比べてみましょう。この場合，参加者間となります。それで，全選手の試合前と試合後のデータをとっていきます。すると，この要因（試合の前後）の中では，各水準は全員分のデータが存在するので参加者内ということになります。

なるほど。確かに参加者間と参加者内が組み合わさっています！

はい。このような方法を **2要因混合計画の分散分析** とよびます。それでは，やってみましょう。

課題 1

スポーツの種類および試合の前後によって，選手のフィラー「マー」の使用数が異なるかについて検討を行う。サッカー選手と野球選手の試合の前後のインタビューをそれぞれ15名分（計30名分）収集した。試合の前後について，すべての選手に対してデータを収集した上で，1分間当たりの「マー」の使用数を算出した。スポーツ選手の種類（2）×試合の前後（2）の混合計画の分散分析を行いなさい。

番号	選手	マーの使用数	
		試合前	試合後
1	1	3.31	6.59
2	1	3.57	8.40

3	1	4.14	12.34
4	1	4.96	8.22
5	1	8.28	7.20
6	1	5.64	6.55
7	1	7.29	7.91
8	1	6.02	8.48
9	1	4.33	9.80
10	1	6.31	8.02
⋮	⋮	⋮	⋮
28	2	1.88	7.51
29	2	1.78	2.32
30	2	0.72	5.19

注)「選手」について，サッカー選手を 1，野球選手を 2 とする。

SPSS による 2 要因の分散分析（混合計画）の方法

1． SPSS を起動し，Excel ファイルからデータを読み込む。データが読み込まれると，以下のような画面が表示される。

	番号	選手	試合前	試合後	var
1	1.00	1.00	3.31	6.59	
2	2.00	1.00	3.57	8.40	
3	3.00	1.00	4.14	12.34	
4	4.00	1.00	4.96	8.22	
5	5.00	1.00	8.28	7.20	
6	6.00	1.00	5.64	6.55	
7	7.00	1.00	7.29	7.91	
8	8.00	1.00	6.02	8.48	
9	9.00	1.00	4.33	9.80	
10	10.00	1.00	6.31	8.02	

2．［変数 ビュー］を開き，各変数の**［値］**と**［尺度］**を設定する。

・**値：**選手については，サッカー選手を「1」，野球選手を「2」とする。

・**尺度：**番号と選手を「名義」，試合前と試合後を「スケール」とする。

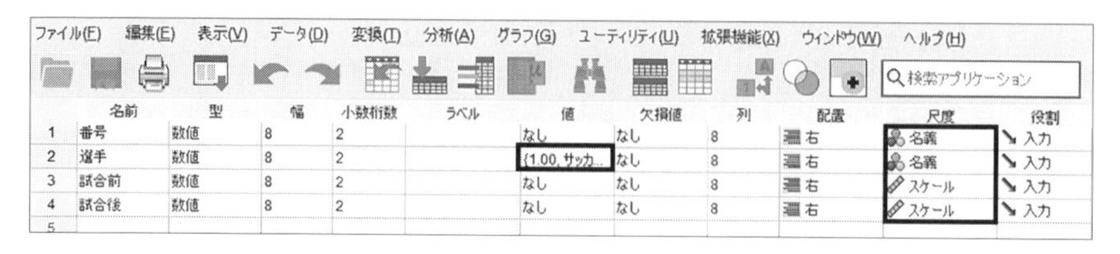

3．2要因の分散分析（混合計画）を実行する。

(1)［分析（A）］→［一般線型モデル（G）］→［反復測定（R)...］

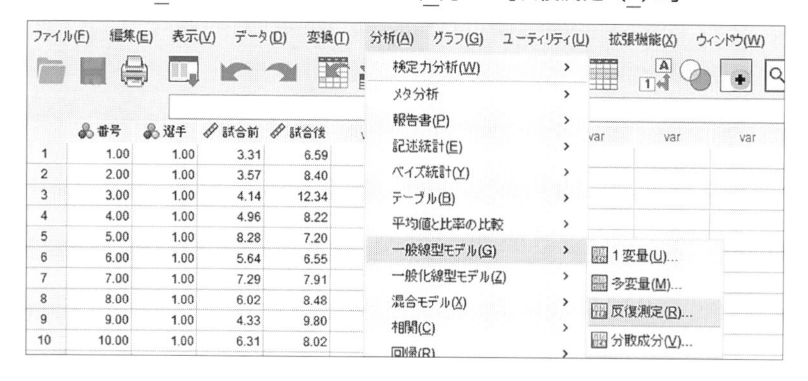

(2)［被験者内因子名（W）］に「試合の前後」，**［水準数（L）］**に「2」を入力して，**［追加（A）］**をクリックする。**［定義（F）］**をクリックする。

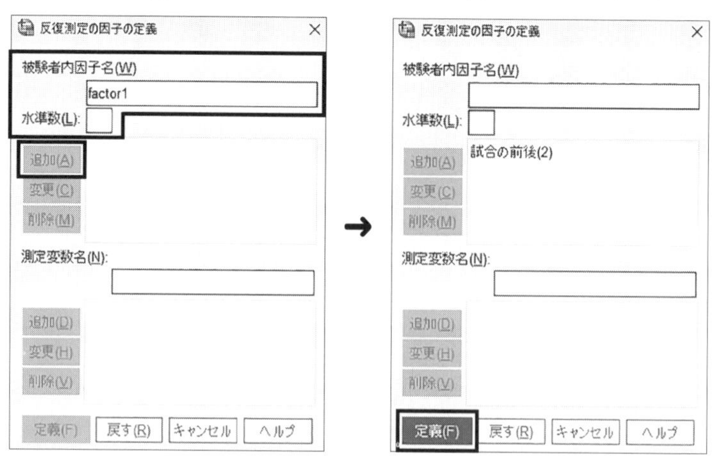

(3) 画面の中央にある矢印を用いて，「試合前」と「試合後」を［**被験者内変数(W)**］に移動させる。

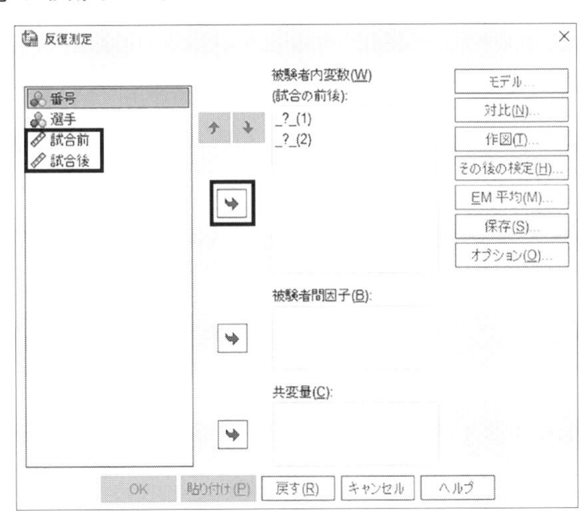

(4) 画面の中央にある矢印を用いて，「選手」を［**被験者間因子(B)**］に移動させる。

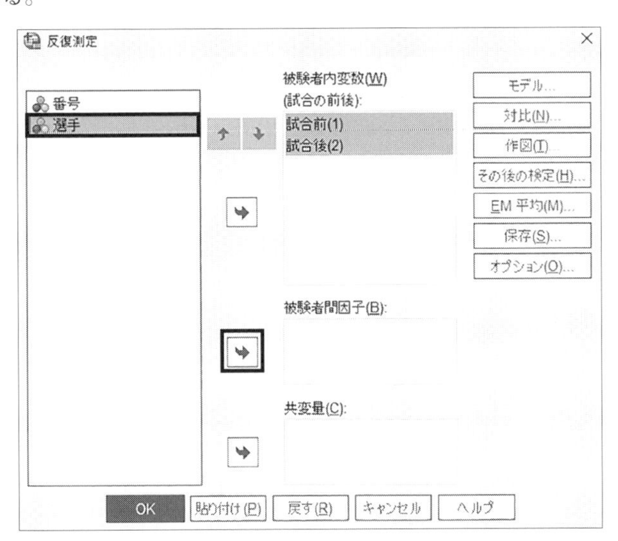

(5) ［EM 平均（M)...］をクリックすると，以下のような画面が表示される。画面の中央にある矢印を用いて，「選手」，「試合の前後」，「選手＊試合の前後」を［**平均値の表示（M)**］に移動させる。

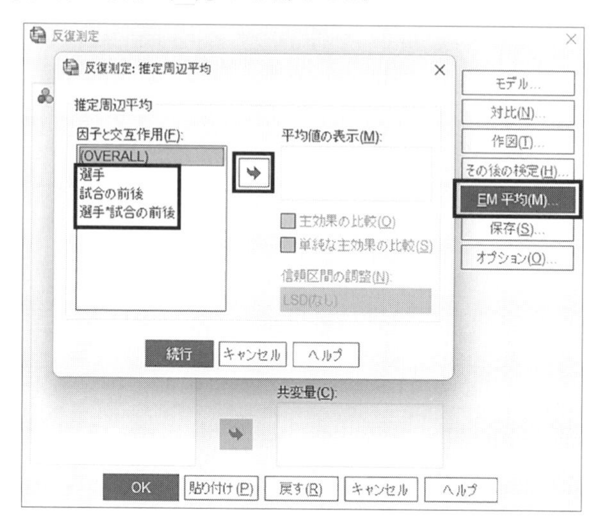

(6) ［**主効果の比較（O)**］と［**単純な主効果の比較 (S)**］にチェックを入れる。［**信頼区間の調整（N)**］について，［Bonferroni］法を選択する。［**続行**］をクリックする。

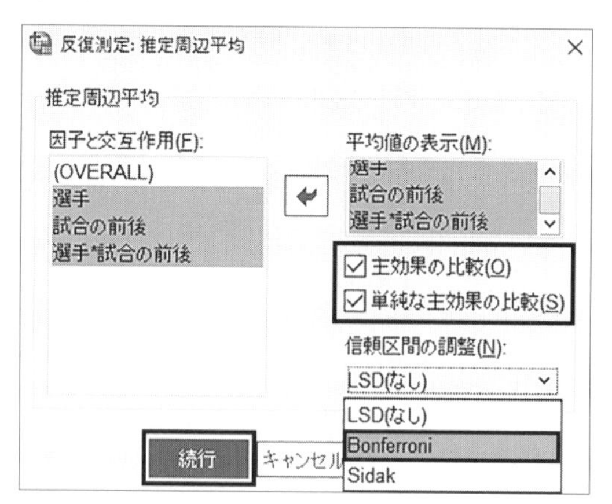

(7) ［オプション (O)...］をクリックすると，以下のような画面が表示される。［記述統計 (D)］にチェックを入れ，［続行］をクリックする。最後に，［OK］をクリックする。

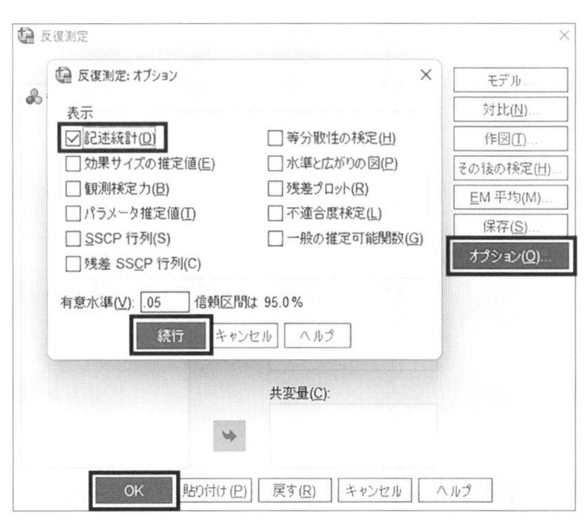

結果の見方

● 各変数の記述統計量：

試合前のインタビューにおいて，サッカー選手のフィラー「マー」の使用数の平均値は 5.52（SD＝1.57）回，野球選手は 1.70（SD＝0.66）回であった。試合後において，サッカー選手は 8.50（SD＝1.76）回，野球選手は 4.45（SD＝1.72）回であった。

記述統計

	選手	平均値	標準偏差	度数
試合前	サッカー選手	5.5160	1.57022	15
	野球選手	1.6993	.66013	15
	総和	3.6077	2.27332	30
試合後	サッカー選手	8.4973	1.75569	15
	野球選手	4.4487	1.71596	15
	総和	6.4730	2.67373	30

●2 要因の分散分析（混合計画）の結果：

➡［Mauchly の球面性検定］の結果を確認する。

参加者内要因は２水準である場合は，常に「球面性が成り立つ」と解釈するので，球面性の仮説が棄却されなかった。よって，被験者内効果の検定における「球面性の検定」の検定結果を確認する。

Mauchly の球面性検定[a]

測定変数名: MEASURE_1

被験者内効果	Mauchly の W	近似カイ 2 乗	自由度	有意確率	ε[b] Greenhouse-Geisser	Huynh-Feldt	下限
試合の前後	1.000	.000	0	.	1.000	1.000	1.000

正規直交した変換従属変数の誤差共分散行列が単位行列に比例するという帰無仮説を検定します。

a. 計画: 切片 + 選手
　被験者計画内: 試合の前後

b. 有意性の平均検定の自由度調整に使用できる可能性があります。修正した検定は、被験者内効果の検定テーブルに表示されます。

➡分散分析を行った結果，交互作用と要因の主効果について以下のように言える。

・**交互作用**

スポーツ選手×試合の前後の交互作用を確認したところ，$F(1, 28)=0.08$ （*n.s.*）であり，有意ではなかった。

・**要因の主効果**

参加者内要因である試合の前後の主効果を確認したところ，$F(1, 28)=50.89$ （$p<.01$）であり，有意であった。また，参加者間要因であるスポーツ選手の主効果を確認したところ，$F(1, 28)=113.48$ （$p<.01$）であり，有意であった。

被験者内効果の検定

測定変数名: MEASURE_1

ソース		タイプ III 平方和	自由度	平均平方	F 値	有意確率	偏イータ 2 乗
試合の前後	球面性の仮定	123.152	1	123.152	50.892	<.001	.645
	Greenhouse-Geisser	123.152	1.000	123.152	50.892	<.001	.645
	Huynh-Feldt	123.152	1.000	123.152	50.892	<.001	.645
	下限	123.152	1.000	123.152	50.892	<.001	.645
試合の前後 * 選手	球面性の仮定	.202	1	.202	.083	.775	.003
	Greenhouse-Geisser	.202	1.000	.202	.083	.775	.003
	Huynh-Feldt	.202	1.000	.202	.083	.775	.003
	下限	.202	1.000	.202	.083	.775	.003
誤差 (試合の前後)	球面性の仮定	67.756	28	2.420			
	Greenhouse-Geisser	67.756	28.000	2.420			
	Huynh-Feldt	67.756	28.000	2.420			
	下限	67.756	28.000	2.420			

被験者間効果の検定

測定変数名: MEASURE_1
変換変数: 平均

ソース	タイプ III 平方和	自由度	平均平方	F 値	有意確率	偏イータ 2 乗
切片	1524.298	1	1524.298	745.623	<.001	.964
選手	231.988	1	231.988	113.479	<.001	.802
誤差	57.241	28	2.044			

js-STAR による 2 要因の分散分析（混合計画）の方法

1． js-STAR のホームページを開くと，以下のような画面が表示される。
［**AsB（2 要因混合）**］をクリックする。

js-STAR XR+ release 1.6.0 j　　Programing by Satoshi Tanaka & nappa(Hiroyuki Nakano)

★彡 お知らせ
- TOP
- What's new!
- 動作確認・バグ状況

★彡 各種分析ツール

度数の分析
- 1×2表(正確二項検定)
- 1×2表：母比率不等
- 1×J表(カイ二乗検定)
- 2×2表(Fisher's exact test)
- i×J表(カイ二乗検定)
- 2×2×K表(層化解析)
- i×J×K表(3元モデル選択)
- i×J×K×L表(4元モデル選択)
- 自動評価判定1×2(グレード付与)
- 自動集計検定2×2(連関の探索)
- 対応のある度数の検定

t 検定
- t検定(参加者間) / ノンパラ
- t検定(参加者内) / ノンパラ

分散分析
- As(1要因参加者間)
- sA(1要因参加者内)
- ABs(2要因参加者間)
- AsB(2要因混合)
- sAB(2要因参加者内)

TOP

■ すばやいデータ分析を可能にする，ブラウザで動く，フリーの統計ソフト！

js-STARは，わかりやすいインターフェースとかんたんな操作により，驚くほどすばやくデータ分析ができる，無償の統計ソフトです。
ブラウザ上で動作するため，WindowsでもMacでも使用できます。

動作確認は，Windows10 + GoogleChrome で行っています。

・ダウンロード はこちらです。
・第XR版（js-STAR ver 10） はこちらです。
・スマホ版はこちらです。

■ XR＋の充実した機能！！

表計算ソフトや統計ソフトRとの連携もでき，かゆいところに手が届くデータ加工やjs-STARではできない高度な分析も可能にしています。

- 表計算ソフトのデータを，テキストエリアやセルに，かんたんに貼り付け
- データ加工を助ける各種ユーティリティ
- ほとんどのツールで，分析に必要なRプログラムを出力
- Rプログラムは，計算結果の読み取りとレポート作成を自動化
- Rプログラムは，ベイズファクタ分析に対応
- 図や数値を操作して統計の理解を深める各種シミュレーション

■ Rパッケージの更新のお願い

2． 要因名，水準数，各水準の調査協力者数を入力する。

・［**要因 A 名＿前**］に「選手」を入力する。今回は「サッカー選手」と「野球選手」という 2 水準からなるので，［**要因 A 水準数**］に「2」を入力する。

・**要因 A における各水準の参加者数**について，サッカー選手と野球選手に対してそれぞれ 15 名分のデータを集めたので，ここでは，それぞれ「15」を入力する。

・［**要因 B 名＿前**］に「試合の前後」を入力する。今回は「試合前」，「試合後」という 2 水準からなるので，［**要因 B 水準数**］に「2」を入力する。

AｓBデザイン(２要因混合計画)
メイン データ形式 グラフ 説明
データ
読込 保存 消去 シミュレーション
要因A 名__前： 選手
要因A 水準数： 2
要因A 水準1 参加者数： 15
要因A 水準2 参加者数： 15
要因B 名__前： 試合の前後
要因B 水準数： 2

要因A	参加者	要因B	
		B1	B2
	1		

3．［代入］を用いてデータを一括入力する。

分析に用いるデータを以下の空欄に貼り付け，［代入］ボタンをクリックする。

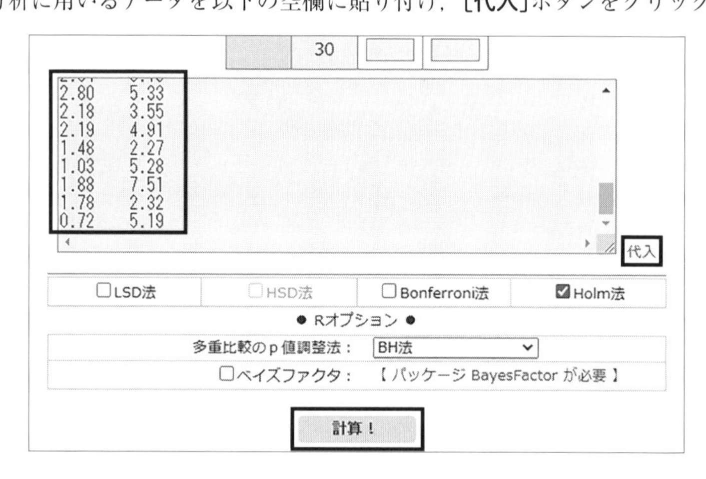

4．［計算！］をクリックする。

結果の見方

●各水準の記述統計量および分散分析の結果：

まず，交互作用の結果を確認したところ，スポーツ選手×試合の前後の交互作用は$F(1, 28) = 0.08$（*n.s.*）であった。次に，2つの要因の主効果を確認したところ，スポーツ選手の主効果は$F(1, 28) = 113.48$（$p < .01$），試合の前後の主効果は$F(1, 28) = 50.89$（$p < .01$）であった。

```
== Mean & S.D. ( SDは標本標準偏差 ) ==

  A= 選手
  B= 試合の前後
--------------------------------------------------------
A        B        N              Mean             S.D.
--------------------------------------------------------
1        1        15           5.5160           1.5170
1        2        15           8.4973           1.6962

2        1        15           1.6993           0.6378
2        2        15           4.4487           1.6578
--------------------------------------------------------

== Analysis of Variance ==

 A(2) = 選手
 B(2) = 試合の前後
--------------------------------------------------------
 S.V           SS        df         MS        F
--------------------------------------------------------
  A       231.9880        1   231.9880   113.48 **
 subj      57.2412       28     2.0443
--------------------------------------------------------
  B       123.1520        1   123.1520    50.89 **
 AxB        0.2018        1     0.2018     0.08 ns
 sxB       67.7557       28     2.4198
--------------------------------------------------------
Total     480.3388       59   +p<.10 *p<.05 **p<.01
```

課題 1：結果の記述方法例

スポーツの種類および試合の前後による選手のフィラー「マー」の使用状況の違いについて検討するために，スポーツの種類（2）×試合の前後（2）の２要因混合計画の分散分析を行った。その結果，スポーツの種類の主効果（$F(1, 28) = 113.48$, $p < .01$），試合の前後の主効果（$F(1, 28) = 50.89$, $p < .01$）は有意であったが，スポーツの種類と試合の前後の交互作用は有意ではなかった（$F(1, 28) = 0.08$, *n.s.*）。スポーツの種類について，野球選手（$M = 3.07$, $SD = 1.89$）よりもサッカー選手の「マー」の使用数（$M = 7.01$, $SD = 2.23$）の方が有意に多かった。また，試合の前後について，試合前（$M = 3.61$, $SD = 2.27$）よりも試合後の「マー」の使用数（$M = 6.47$, $SD = 2.67$）の方が有意に多かった。

6.2 2要因の分散分析（混合計画）～交互作用あり～

研究課題

- ☑ スポーツ選手のフィラーの使用数が，性別と試合をはさんだ時間の経過で変わるか分析する。
- ☑ 交互作用が認められる場合。

今度は，サッカー選手に限定して，試合の前後だけでなく，1週間たって試合を振り返った感想のインタビューも，考えてみたいと思いました。緊張した時とリラックスした時とでは,「マー」の使用が変わるように思うのです。

ではこの場合，試合をはさんだ時間の経過に関する条件が3つあるので3水準となり, 1要因3水準の分散分析となります。また, 同じ選手のデータを用いるので, 参加者内の分散分析となります。

でも，データの中には，男子だけでなく，女子サッカー選手のものもあります。何となく，性別によって喋り方が違うような気がしますね。

なるほど。性別という要因は参加者間ですので，**性別（2）×試合をはさんだ時間の経過（3）の混合計画の分散分析**となります。

課題 2

サッカー選手の性別および試合をはさんだ時間の経過によって，フィラー「マー」の使用が異なるかについて検討を行う。男子選手と女子選手の試合後のインタビューをそれぞれ10名分（計20名分）収集した。「試合直前」，「試合直後」，「1週間後」という3つの時点について，すべての選手に対してデータを収集し，1分間当たりの「マー」の使用数を算出した。サッカー選手の性別（2）×試合をはさんだ時間の経過（3）の混合計画の分散分析を行いなさい。

番号	性別	マーの使用数		
		試合直前	試合直後	1週間後
1	1	6.75	9.08	6.20
2	1	5.20	10.69	4.07
3	1	5.23	7.78	4.83
4	1	5.47	10.92	4.94
5	1	4.12	10.30	2.86
6	1	5.41	11.20	3.13
7	1	7.08	9.11	4.81
8	1	6.37	9.54	5.58
9	1	3.49	5.89	3.72
10	1	7.55	7.62	4.96
⋮	⋮	⋮	⋮	⋮
18	0	3.04	4.87	1.91
19	0	6.73	7.54	3.68
20	0	5.25	4.34	0.30

注）「性別」について，男子を1，女子を0とする。

SPSS による 2 要因の分散分析（混合計画）の方法

1. SPSS を起動し，Excel ファイルからデータを読み込む。データが読み込まれると，以下のような画面が表示される。

ファイル(F)　編集(E)　表示(V)　データ(D)　変換(T)　分析(A)　グラフ(G)

	番号	性別	試合直前	試合直後	一週間後	var
1	1.00	1.00	6.75	9.08	6.20	
2	2.00	1.00	5.20	10.69	4.07	
3	3.00	1.00	5.23	7.78	4.83	
4	4.00	1.00	5.47	10.92	4.94	
5	5.00	1.00	4.12	10.30	2.86	
6	6.00	1.00	5.41	11.20	3.13	
7	7.00	1.00	7.08	9.11	4.81	
8	8.00	1.00	6.37	9.54	5.58	
9	9.00	1.00	3.49	5.89	3.72	
10	10.00	1.00	7.55	7.62	4.96	
11	11.00	.00	3.57	6.04	3.15	

2. **［変数 ビュー］**を開き，各変数の**［値］**と**［尺度］**を設定する。

・**値：**性別については，男子サッカー選手を「1」，女子サッカー選手を「0」とする。

・**尺度：**番号と性別を「名義」，試合をはさんだ時間の経過（「試合直前」，「試合直後」，「一週間後」）を「スケール」とする。

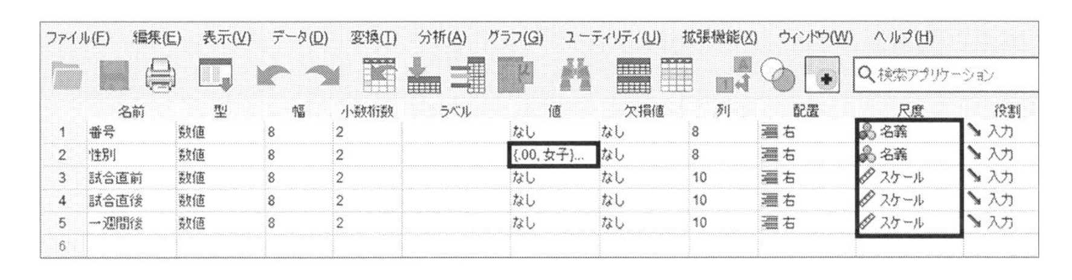

ファイル(F)　編集(E)　表示(V)　データ(D)　変換(T)　分析(A)　グラフ(G)　ユーティリティ(U)　拡張機能(X)　ウィンドウ(W)　ヘルプ(H)

	名前	型	幅	小数桁数	ラベル	値	欠損値	列	配置	尺度	役割
1	番号	数値	8	2		なし	なし	8	右	名義	入力
2	性別	数値	8	2		{.00, 女子}...	なし	8	右	名義	入力
3	試合直前	数値	8	2		なし	なし	10	右	スケール	入力
4	試合直後	数値	8	2		なし	なし	10	右	スケール	入力
5	一週間後	数値	8	2		なし	なし	10	右	スケール	入力
6											

3． 2 要因の分散分析（混合計画）を実行する。

(1)［分析（A）］→［一般線型モデル（G）］→［反復測定（R)...］

ファイル(F) 編集(E) 表示(V) データ(D) 変換(T) 分析(A) グラフ(G) ユーティリティ(U) 拡張機能(X) ウィンドウ(W) ヘルプ

検定力分析(W)
メタ分析
報告書(P)
記述統計(E)
ベイズ統計(Y)
テーブル(B)
平均値と比率の比較
一般線型モデル(G)
一般化線型モデル(Z)
混合モデル(X)
相関(C)
回帰(R)

1 変量(U)...
多変量(M)...
反復測定(R)...
分散成分(V)...

	番号	性別	試合直前	試合直後	var	var	var
1	1.00	1.00	6.75	9.08			
2	2.00	1.00	5.20	10.69			
3	3.00	1.00	5.23	7.78			
4	4.00	1.00	5.47	10.92			
5	5.00	1.00	4.12	10.30			
6	6.00	1.00	5.41	11.20			
7	7.00	1.00	7.08	9.11			
8	8.00	1.00	6.37	9.54			
9	9.00	1.00	3.49	5.89			
10	10.00	1.00	7.55	7.62			

(2)［被験者内因子名（W）］に「試合をはさんだ時間の経過」，**［水準数（L）］**に「3」を入力して，**［追加（A）］**をクリックする。**［定義（F）］**をクリックする。

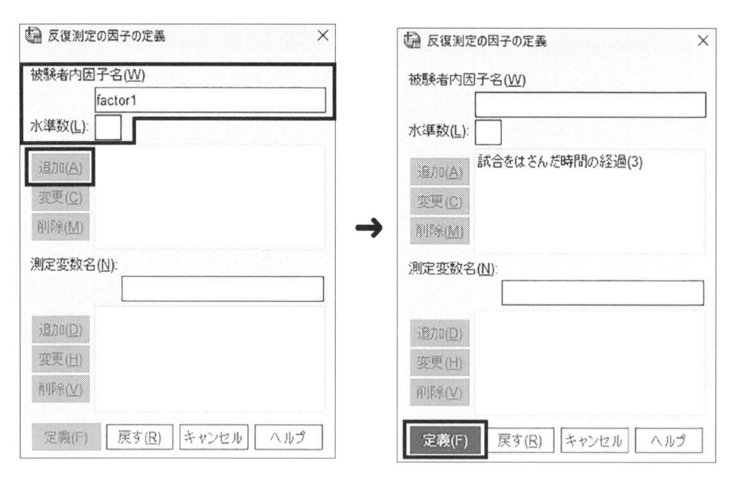

(3) 画面の中央にある矢印を用いて，「試合直前」，「試合直後」，「一週間後」を［**被験者内変数（W）**］に移動させる。また，「性別」を［**被験者間因子（B）**］に移動させる。

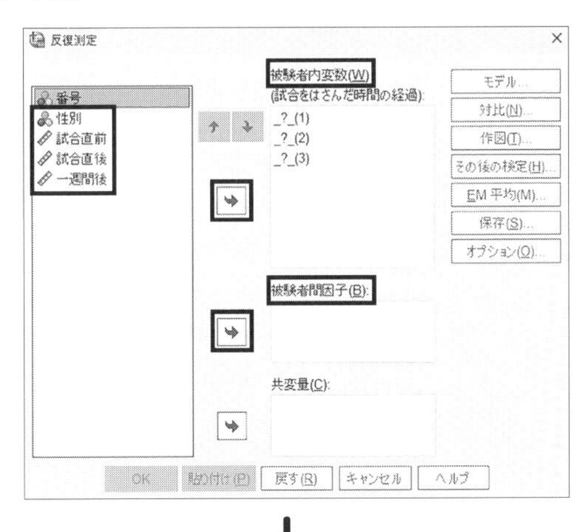

↓

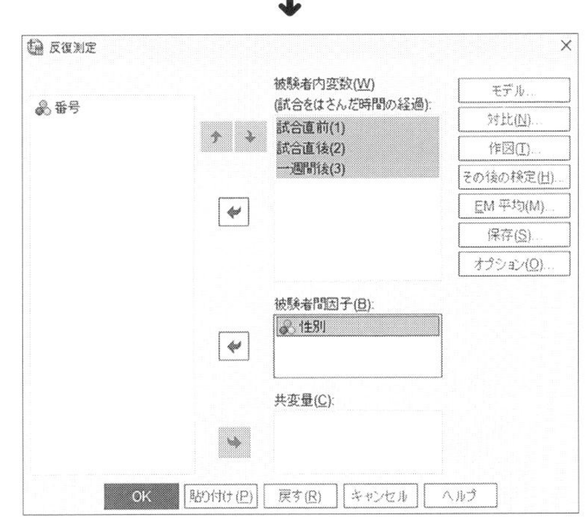

(4) ［EM 平均（M)...］をクリックすると，以下のような画面が表示される。画面の中央にある矢印を用いて，「性別」，「試合をはさんだ時間の経過」，「性別＊試合をはさんだ時間の経過」を［**平均値の表示（M)**］に移動させる。

(5) ［**主効果の比較（O)**］と［**単純な主効果の比較(S)**］にチェックを入れる。［**信頼区間の調整（N)**］について，［Bonferroni］法を選択する。［**続行**］をクリックする。

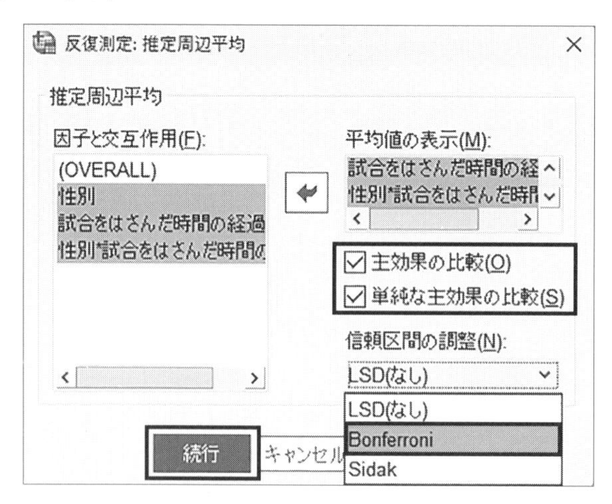

(6) ［オプション (O)...］をクリックすると，以下のような画面が表示される。［記述統計 (D)］にチェックを入れ，［続行］をクリックする。最後に，［OK］をクリックする。

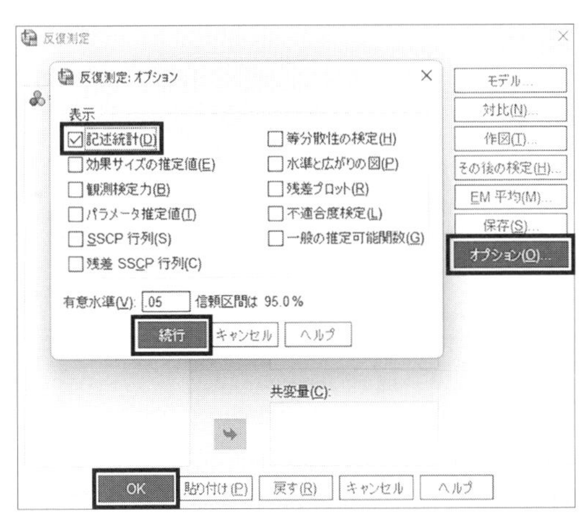

結果の見方

●各変数の記述統計量：

試合直前は，男子選手のフィラー「マー」の使用数の平均値は 5.67（SD＝1.28）回，女子選手は 3.76（SD＝1.62）回であった。試合直後は，男子選手は 9.21（SD＝1.70）回，女子選手は 4.73（SD＝2.07）回であった。1 週間後は，男子選手は 4.51（SD＝1.06）回，女子選手は 3.18（SD＝2.39）回であった。

記述統計

	性別	平均値	標準偏差	度数
試合直前	女子	3.7640	1.61519	10
	男子	5.6670	1.28477	10
	総和	4.7155	1.72356	20
試合直後	女子	4.7250	2.07462	10
	男子	9.2130	1.69947	10
	総和	6.9690	2.95083	20
一週間後	女子	3.1750	2.39451	10
	男子	4.5100	1.05543	10
	総和	3.8425	1.92681	20

●2 要因の分散分析（混合計画）の結果：

➡［Mauchly の球面性検定］の結果を確認する。

球面性検定の結果が有意ではなかった（$p = .97$）ので，球面性の仮説が棄却されなかった。よって，被験者内効果の検定における「球面性の検定」の検定結果を確認する。

Mauchly の球面性検定[a]

測定変数名: MEASURE_1

被験者内効果	Mauchly の W	近似カイ 2 乗	自由度	有意確率	ε[b] Greenhouse-Geisser	Huynh-Feldt	下限
試合をはさんだ時間の経過	.997	.057	2	.972	.997	1.000	.500

正規直交した変換従属変数の誤差共分散行列が単位行列に比例するという帰無仮説を検定します。

a. 計画: 切片 + 性別
被験者計画内: 試合をはさんだ時間の経過

b. 有意性の平均検定の自由度調整に使用できる可能性があります。修正した検定は、被験者内効果の検定テーブルに表示されます。

➡分散分析を行った結果，交互作用と要因の主効果について以下のように言える。

・交互作用

性別×試合をはさんだ時間の経過の交互作用を確認したところ，$F(2, 36) = 5.12$（$p < .05$）であり，有意であった。

・要因の主効果

参加者内要因である試合をはさんだ時間の経過の主効果を確認したところ，$F(2, 36) = 18.86$（$p < .01$）であり，有意であった。また，参加者間要因である性別の主効果を確認したところ，$F(1, 18) = 27.41$（$p < .01$）であり，有意であった。

被験者内効果の検定

測定変数名: MEASURE_1

ソース		タイプ III 平方和	自由度	平均平方	F 値	有意確率	偏イータ 2 乗
試合をはさんだ時間の経過	球面性の仮定	104.103	2	52.051	18.859	<.001	.512
	Greenhouse-Geisser	104.103	1.993	52.227	18.859	<.001	.512
	Huynh-Feldt	104.103	2.000	52.051	18.859	<.001	.512
	下限	104.103	1.000	104.103	18.859	<.001	.512
試合をはさんだ時間の経過 * 性別	球面性の仮定	28.244	2	14.122	5.117	.011	.221
	Greenhouse-Geisser	28.244	1.993	14.169	5.117	.011	.221
	Huynh-Feldt	28.244	2.000	14.122	5.117	.011	.221
	下限	28.244	1.000	28.244	5.117	.036	.221
誤差 (試合をはさんだ時間の経過)	球面性の仮定	99.358	36	2.760			
	Greenhouse-Geisser	99.358	35.879	2.769			
	Huynh-Feldt	99.358	36.000	2.760			
	下限	99.358	18.000	5.520			

被験者間効果の検定

測定変数名: MEASURE_1
変換変数: 平均

ソース	タイプ III 平方和	自由度	平均平方	F 値	有意確率	偏イータ 2 乗
切片	1607.252	1	1607.252	442.800	<.001	.961
性別	99.485	1	99.485	27.408	<.001	.604
誤差	65.335	18	3.630			

● 単純主効果の結果：

試合をはさんだ時間の経過における性別の単純主効果

試合直前と試合直後においては，性別の単純主効果が見られ，女子選手よりも男子選手の「マー」の使用数の方が有意に多いことが示された。一方，試合の1週間後において，性別の単純主効果が見られなかった。

推定値

測定変数名：MEASURE_1

性別	試合をはさんだ時間の経過	平均値	標準誤差	95% 信頼区間 下限	95% 信頼区間 上限
女子	1	3.764	.461	2.794	4.734
	2	4.725	.600	3.465	5.985
	3	3.175	.585	1.946	4.404
男子	1	5.667	.461	4.697	6.637
	2	9.213	.600	7.953	10.473
	3	4.510	.585	3.281	5.739

ペアごとの比較

測定変数名：MEASURE_1

試合をはさんだ時間の経過	(I) 性別	(J) 性別	平均値の差 (I-J)	標準誤差	有意確率[b]	95% 平均差信頼区間[b] 下限	95% 平均差信頼区間[b] 上限
1	女子	男子	-1.903*	.653	.009	-3.274	-.532
	男子	女子	1.903*	.653	.009	.532	3.274
2	女子	男子	-4.488*	.848	<.001	-6.270	-2.706
	男子	女子	4.488*	.848	<.001	2.706	6.270
3	女子	男子	-1.335	.828	.124	-3.074	.404
	男子	女子	1.335	.828	.124	-.404	3.074

推定周辺平均に基づいた

*. 平均値の差は .05 水準で有意です。

b. 多重比較の調整：Bonferroni。

1 変量検定

測定変数名：MEASURE_1

試合をはさんだ時間の経過		平方和	自由度	平均平方	F 値	有意確率	偏イータ 2 乗
1	対比	18.107	1	18.107	8.502	.009	.321
	誤差	38.335	18	2.130			
2	対比	100.711	1	100.711	28.005	<.001	.609
	誤差	64.730	18	3.596			
3	対比	8.911	1	8.911	2.603	.124	.126
	誤差	61.628	18	3.424			

F 値は 性別 の多変量効果を検定します。これらの検定は、推定周辺平均中の一時独立対比較検定に基づいています。

性別における試合をはさんだ時間の経過の単純主効果

男子選手においては，試合をはさんだ時間の経過の単純主効果が見られ，試合直前と1週間後よりも，試合直後の「マー」の使用数の方が有意に多いことが示された。

推定値

測定変数名: MEASURE_1

性別	試合をはさんだ時間の経過	平均値	標準誤差	95% 信頼区間 下限	95% 信頼区間 上限
女子	1	3.764	.461	2.794	4.734
	2	4.725	.600	3.465	5.985
	3	3.175	.585	1.946	4.404
男子	1	5.667	.461	4.697	6.637
	2	9.213	.600	7.953	10.473
	3	4.510	.585	3.281	5.739

ペアごとの比較

測定変数名: MEASURE_1

性別	(I) 試合をはさんだ時間の経過	(J) 試合をはさんだ時間の経過	平均値の差 (I-J)	標準誤差	有意確率[b]	95% 平均差信頼区間[b] 下限	95% 平均差信頼区間[b] 上限
女子	1	2	-.961	.743	.636	-2.921	.999
		3	.589	.724	1.000	-1.322	2.500
	2	1	.961	.743	.636	-.999	2.921
		3	1.550	.762	.170	-.460	3.560
	3	1	-.589	.724	1.000	-2.500	1.322
		2	-1.550	.762	.170	-3.560	.460
男子	1	2	-3.546*	.743	<.001	-5.506	-1.586
		3	1.157	.724	.383	-.754	3.068
	2	1	3.546*	.743	<.001	1.586	5.506
		3	4.703*	.762	<.001	2.693	6.713
	3	1	-1.157	.724	.383	-3.068	.754
		2	-4.703*	.762	<.001	-6.713	-2.693

推定周辺平均に基づいた

*. 平均値の差は .05 水準で有意です。

b. 多重比較の調整: Bonferroni。

多変量検定

性別		値	F 値	仮説自由度	誤差自由度	有意確率	偏イータ 2 乗
女子	Pillai のトレース	.189	1.983[a]	2.000	17.000	.168	.189
	Wilks のラムダ	.811	1.983[a]	2.000	17.000	.168	.189
	Hotelling のトレース	.233	1.983[a]	2.000	17.000	.168	.189
	Roy の最大根	.233	1.983[a]	2.000	17.000	.168	.189
男子	Pillai のトレース	.696	19.424[a]	2.000	17.000	<.001	.696
	Wilks のラムダ	.304	19.424[a]	2.000	17.000	<.001	.696
	Hotelling のトレース	2.285	19.424[a]	2.000	17.000	<.001	.696
	Roy の最大根	2.285	19.424[a]	2.000	17.000	<.001	.696

F 値はそれぞれ表示された他の効果の各水準の組み合わせ内の 試合をはさんだ時間の経過 の多変量単純効果を検定します。このような検定は推定周辺平均間で線型に独立したペアごとの比較に基づいています。

a. 正確統計量

js-STAR による 2 要因の分散分析（混合計画）の方法

1．js-STAR のホームページを開くと，以下のような画面が表示される。
［AsB（2 要因混合）］をクリックする。

js-STAR XR+ release 1.6.0 j
Programing by Satoshi Tanaka & nappa(Hiroyuki Nakano)

★彡 お知らせ
- TOP
- What's new!
- 動作確認・バグ状況

★彡 各種分析ツール

度数の分析
- 1×2表(正確二項検定)
- 1×2表：母比率不等
- 1×J表(カイ二乗検定)
- 2×2表(Fisher's exact test)
- i×J表(カイ二乗検定)
- 2×2×K表(層化解析)
- i×J×K表(3元モデル選択)
- i×J×K×L表(4元モデル選択)
- 自動評価判定1×2(グレード付与)
- 自動集計検定2×2(連関の探索)
- 対応のある度数の検定

t検定
- t検定(参加者間) / ノンパラ
- t検定(参加者内) / ノンパラ

分散分析
- As(1要因参加者間)
- sA(1要因参加者内)
- ABs(2要因参加者間)
- AsB(2要因混合)
- sAB(2要因参加者内)

TOP

■ すばやいデータ分析を可能にする，ブラウザで動く，フリーの統計ソフト！

js-STARは，わかりやすいインターフェースとかんたんな操作により，驚くほどすばやくデータ分析ができる，無償の統計ソフトです。
ブラウザ上で動作するため，WindowsでもMacでも使用できます。

動作確認は，Windows10 + GoogleChrome で行っています。

・ダウンロード はこちらです。
・第XR版（js-STAR ver 10）はこちらです。
・スマホ版はこちらです。

■ XR+の充実した機能！！

表計算ソフトや統計ソフトRとの連携もでき，かゆいところに手が届くデータ加工やjs-STARではできない高度な分析も可能にしています。

- 表計算ソフトのデータを，テキストエリアやセルに，かんたんに貼り付け
- データ加工を助ける各種ユーティリティ
- ほとんどのツールで，分析に必要なRプログラムを出力
- Rプログラムは，計算結果の読み取りとレポート作成を自動化
- Rプログラムは，ベイズファクタ分析に対応
- 図や数値を操作して統計の理解を深める各種シミュレーション

■ Rパッケージの更新のお願い

2．要因名，水準数，各水準の調査協力者数を入力する。

・［要因 A 名＿前］に「性別」を入力する。今回は男子サッカー選手と女子サッカー選手という 2 水準からなるので，［要因 A 水準数］に「2」を入力する。

・**要因 A における各水準の参加者数**について，「男子選手」と「女子選手」のデータをそれぞれ 10 名分集めたので，ここでは，それぞれ「10」を入力する。

・［要因 B 名＿前］に「試合をはさんだ時間の経過」を入力する。今回は「試合直前」，「試合直後」，「1 週間後」という 3 水準からなるので，［要因 B 水準数］に「3」を入力する。

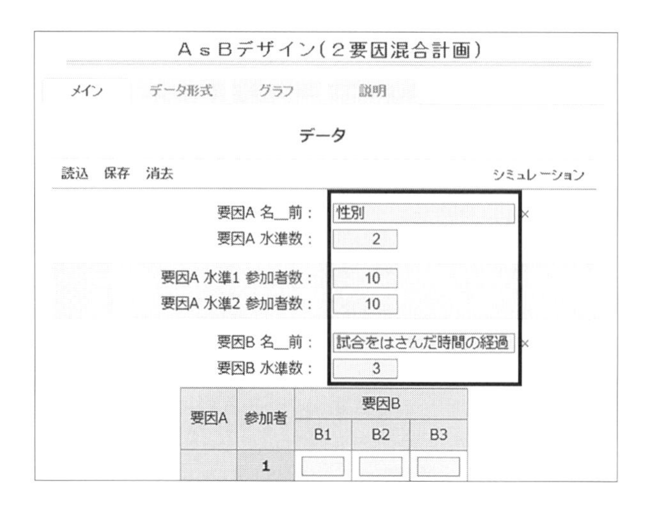

3．［**代入**］を用いてデータを一括入力する。

分析に用いるデータを以下の空欄に貼り付け，［**代入**］ボタンをクリックする。

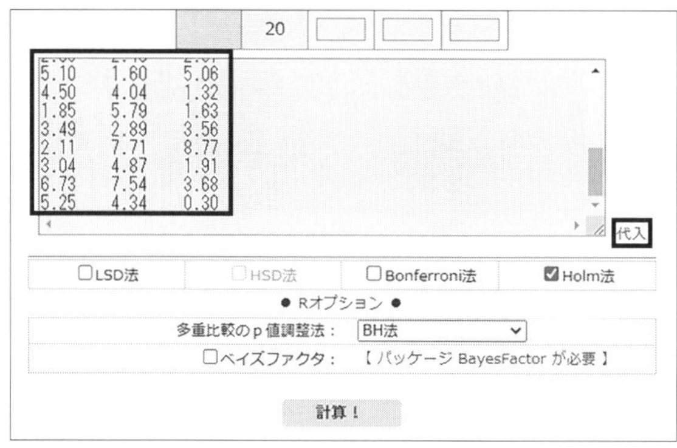

4．多重比較法の種類を選択する。［**Bonferroni 法**］にチェックを入れる。

5．［計算！］をクリックする。

結果の見方

● 各水準の記述統計量および分散分析の結果：

まず，交互作用を確認したところ，性別×試合をはさんだ時間の経過の交互作用は $F(2, 36) = 5.12$, $p < .05$ であった。次に，2つの要因の主効果を確認したところ，性別の主効果は $F(1, 18) = 27.41$（$p < .01$），試合をはさんだ時間の経過の主効果は $F(2, 36) = 18.86$（$p < .01$）であった。

```
== Mean & S.D. ( SDは標本標準偏差 ) ==

 A= 性別
 B= 試合をはさんだ時間の経過
```

A	B	N	Mean	S.D.
1	1	10	5.6670	1.2188
1	2	10	9.2130	1.6123
1	3	10	4.5100	1.0013
2	1	10	3.7640	1.5323
2	2	10	4.7250	1.9682
2	3	10	3.1750	2.2716

```
== Analysis of Variance ==

A(2) = 性別
B(3) = 試合をはさんだ時間の経過
```

S.V	SS	df	MS	F
A	99.4851	1	99.4851	27.41 **
subj	65.3355	18	3.6297	
B	104.1026	2	52.0513	18.86 **
AxB	28.2438	2	14.1219	5.12 *
sxB	99.3585	36	2.7600	
Total	396.5255	59	+p<.10 *p<.05 **p<.01	

A：性別の主効果
B：試合をはさんだ時間の経過の主効果
A × B：交互作用の結果

● 単純主効果の結果：

試合直前と試合直後において性別の単純主効果が見られ，女子選手よりも男子選手の「マー」の使用数の方が有意に多かった。また，男子選手において試合をはさんだ時間の経過の単純主効果が見られ，試合直前と1週間後よりも，試合直後の「マー」の使用数の方が有意に多かった。

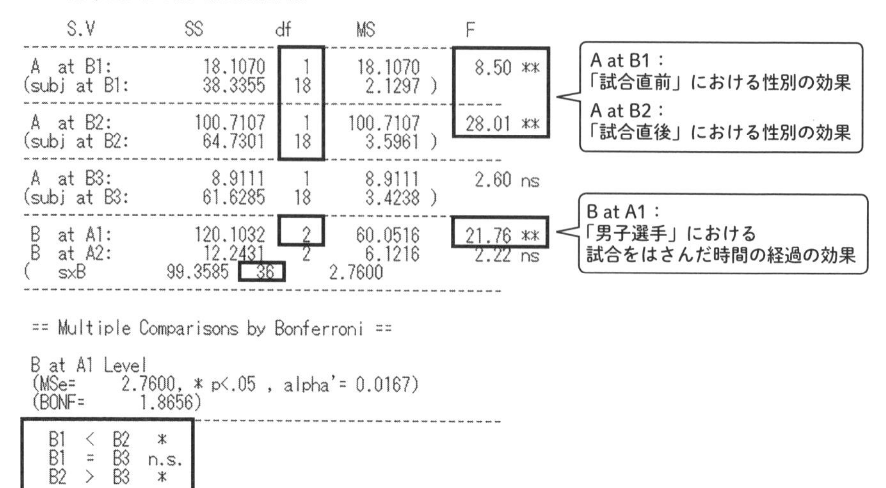

```
== Analysis of AxB Interaction ==

    S.V              SS        df      MS          F
-------------------------------------------------------
A  at B1:         18.1070       1    18.1070      8.50 **
(subj at B1:      38.3355      18     2.1297 )
-------------------------------------------------------
A  at B2:        100.7107       1   100.7107     28.01 **
(subj at B2:      64.7301      18     3.5961 )
-------------------------------------------------------
A  at B3:          8.9111       1     8.9111      2.60 ns
(subj at B3:      61.6285      18     3.4238 )
-------------------------------------------------------
B  at A1:        120.1032       2    60.0516     21.76 **
B  at A2:         12.2431       2     6.1216      2.22 ns
(  sxB          99.3585   36     2.7600
-------------------------------------------------------

== Multiple Comparisons by Bonferroni ==

B at A1 Level
(MSe=     2.7600, * p<.05 , alpha'= 0.0167)
(BONF=      1.8656)
-------------------------------------------------------
   B1  <  B2   *
   B1  =  B3  n.s.
   B2  >  B3   *
-------------------------------------------------------
```


● 多重比較の結果：

試合をはさんだ時間の経過についてBonferroni法による多重比較を行った結果，試合直前と1週間後よりも，試合直後の「マー」の使用数の方が有意に多かった。一方，試合直前と1週間後との間には有意な差が見られなかった。

```
== Multiple Comparisons by Bonferroni ==

(MSe=     2.7600, * p<.05 , alpha'= 0.0167)
(BONF=      1.3192)
-------------------------------------------------------
[Main Effect of Factor B]
 B     N           Mean
-------------------------------------------------------
 1       20          4.7155
 2       20          6.9690
 3       20          3.8425
-------------------------------------------------------
   B1  <  B2    *     (BONF=      1.3192)
   B1  =  B3  n.s.    (BONF=      1.3192)
   B2  >  B3    *     (BONF=      1.3192)
-------------------------------------------------------
```

課題 2：結果の記述方法例

サッカー選手の性別（2）×試合をはさんだ時間の経過（3）の２要因混合計画の分散分析を行った結果，性別の主効果（$F(1, 18)=27.41, p<.01$），試合をはさんだ時間の経過の主効果（$F(2, 36)=18.86, p<.01$），性別と試合をはさんだ時間の経過の交互作用（$F(2, 36)=5.12, p<.05$）はいずれも有意であった。交互作用が認められたため，単純主効果の検定を行った。その結果，試合直前において性別の単純主効果が見られ（$F(1, 18)=8.50, p<.01$），女子選手（$M=3.76, SD=1.62$）よりも男子選手の「マー」の使用数（$M=5.67, SD=1.28$）の方が有意に多かった。試合直後においても性別の単純主効果が見られ（$F(1, 18)=28.01, p<.01$），女子選手（$M=4.73, SD=2.07$）よりも男子選手（$M=9.21, SD=1.70$）の方が有意に多かった。また，男子選手において試合をはさんだ時間の経過の単純主効果が見られた（$F(2, 36)=21.76, p<.01$）。Bonferroni 法による多重比較を行った結果，試合直前と１週間後（$M=4.51, SD=1.06$）よりも，試合直後の方が有意に多かったが，試合直前と１週間後との間には有意な差が見られなかった。

練習問題1

母語による授業の効果の違いについて検討を行うために，中国語母語話者10名と英語母語話者10名（計20名）に対して授業を行い，授業の前後において日本語のテストを行った。母語によって授業の効果が異なるかについて検討しなさい。

番号	母語	テストの得点	
		授業前	授業後
1	1	4	4
2	1	2	4
3	1	1	6
4	1	2	5
5	1	2	3
6	1	3	5
7	1	3	4
8	1	3	5
9	1	3	3
10	1	1	5
⋮	⋮	⋮	⋮
18	2	7	7
19	2	4	1
20	2	3	3

注)「母語」について，中国語母語話者を1，英語母語話者を2とする。

解答

SPSSによる2要因混合計画の分散分析を行った結果，授業の前後に関しては有意な主効果が見られたが（$F(1, 18)=5.06, p<.05$），母語の主効果（$F(1, 18)=2.21, n.s.$）および母語と授業の前後の交互作用（$F(1, 18)=2.76, n.s.$）は有意ではなかった。授業の前後について，授業前（$M=3.20, SD=1.70$）よりも授業後の日本語テストの得点（$M=4.35, SD=1.63$）の方が有意に高かった。

記述統計

	母語	平均値	標準偏差	度数
授業前・テストの得点	中国語母語話者	2.4000	.96609	10
	英語母語話者	4.0000	1.94365	10
	総和	3.2000	1.70448	20
授業後・テストの得点	中国語母語話者	4.4000	.96609	10
	英語母語話者	4.3000	2.16282	10
	総和	4.3500	1.63111	20

Mauchly の球面性検定[a]

測定変数名: MEASURE_1

					ε[b]		
被験者内効果	Mauchly の W	近似カイ 2 乗	自由度	有意確率	Greenhouse-Geisser	Huynh-Feldt	下限
授業の前後	1.000	.000	0	.	1.000	1.000	1.000

正規直交した変換従属変数の誤差共分散行列が単位行列に比例するという帰無仮説を検定します。

a. 計画: 切片 + 母語
被験者計画内: 授業の前後

b. 有意性の平均検定の自由度調整に使用できる可能性があります。修正した検定は、被験者内効果の検定テーブルに表示されます。

被験者内効果の検定

測定変数名: MEASURE_1

ソース		タイプ III 平方和	自由度	平均平方	F 値	有意確率	偏イータ 2 乗
授業の前後	球面性の仮定	13.225	1	13.225	5.060	.037	.219
	Greenhouse-Geisser	13.225	1.000	13.225	5.060	.037	.219
	Huynh-Feldt	13.225	1.000	13.225	5.060	.037	.219
	下限	13.225	1.000	13.225	5.060	.037	.219
授業の前後 * 母語	球面性の仮定	7.225	1	7.225	2.764	.114	.133
	Greenhouse-Geisser	7.225	1.000	7.225	2.764	.114	.133
	Huynh-Feldt	7.225	1.000	7.225	2.764	.114	.133
	下限	7.225	1.000	7.225	2.764	.114	.133
誤差 (授業の前後)	球面性の仮定	47.050	18	2.614			
	Greenhouse-Geisser	47.050	18.000	2.614			
	Huynh-Feldt	47.050	18.000	2.614			
	下限	47.050	18.000	2.614			

被験者間効果の検定

測定変数名: MEASURE_1
変換変数: 平均

ソース	タイプ III 平方和	自由度	平均平方	F 値	有意確率	偏イータ 2 乗
切片	570.025	1	570.025	223.783	<.001	.926
母語	5.625	1	5.625	2.208	.155	.109
誤差	45.850	18	2.547			

練習問題2

年齢および話題による「けど」の使用の違いについて検討を行うために，20代の調査協力者と60代の調査協力者それぞれ10名（計20名）に対して，1人当たり30分のインタビューを行った。話題は，過去の出来事と好きな映画という2つのテーマからなる。年齢および話題によって，「けど」の使用が異なるかについて検討しなさい。

番号	年齢	けどの使用数	
		過去の出来事	好きな映画
1	1	8.75	2.27
2	1	7.25	1.02
3	1	9.81	2.47
4	1	4.88	1.75
5	1	8.75	1.58
6	1	7.43	2.68
7	1	5.19	2.31
8	1	6.25	2.11
9	1	7.11	0.94
10	1	3.04	3.32
11	0	1.99	3.30
12	0	3.58	4.08
13	0	4.84	4.00
14	0	1.44	5.72
15	0	1.45	0.63
16	0	3.49	4.85
17	0	4.15	6.20
18	0	4.88	1.17
19	0	2.99	6.25
20	0	0.07	5.33

注）「年齢」について，20代を1，60代を0とする。

解答

js-STARによる2要因混合計画の分散分析を行った結果，年齢の主効果（$F(1, 18) = 3.55$, $p < .10$）は有意傾向であったが，話題の主効果（$F(1, 18) = 9.76$, $p < .01$）および年齢と話題の交互作用（$F(1, 18) = 28.72$, $p < .01$）は有意であった。交互作用が認められたため，単純主効果検定を行った。その結果，過去の出来事における年齢の単純主効果が見られ（$F(1, 18) = 23.04$, $p < .01$），60代の人（$M = 2.89$, $SD = 1.52$）よりも20代の人（$M = 6.85$, $SD = 1.95$）の方が有意に多かった。また，好きな映画における年齢の単純主効果が見られ（$F(1, 18) = 10.03$, $p < .01$），20代の人（$M = 2.05$, $SD = 0.70$）よりも60代の人（$M = 4.15$, $SD = 1.87$）の方が有意に多かった。さらに，20代の人における話題の単純主効果が見られ（$F(1, 18) = 35.98$, $p < .01$），好きな映画よりも過去の出来事の方が有意に多かった。

== Mean & S.D. (SDは標本標準偏差) ==

A= 年齢
B= 話題

A	B	N	Mean	S.D.
1	1	10	6.8460	1.9508
1	2	10	2.0450	0.7007
2	1	10	2.8880	1.5210
2	2	10	4.1530	1.8703

== Analysis of Variance ==

A(2) = 年齢
B(2) = 話題

S.V	SS	df	MS	F
A	8.5563	1	8.5563	3.55 +
subj	43.4306	18	2.4128	
B	31.2582	1	31.2582	9.76 **
AxB	91.9909	1	91.9909	28.72 **
sxB	57.6521	18	3.2029	
Total	232.8880	39	+p<.10 *p<.05 **p<.01	

```
== Analysis of AxB Interaction ==

    S.V              SS        df        MS          F
---------------------------------------------------------
A  at B1:         78.3288      1      78.3288     23.04 **
(subj at B1:      61.1928     18       3.3996 )
---------------------------------------------------------
A  at B2:         22.2183      1      22.2183     10.03 **
(subj at B2:      39.8899     18       2.2161 )
---------------------------------------------------------
B  at A1:        115.2480      1     115.2480     35.98 **
B  at A2:          8.0011      1       8.0011      2.50 ns
(   sxB          57.6521     18      3.2029
---------------------------------------------------------
```

第7章

相関

変数間の相関を検定しよう

エン先生からの
事前講義

変数間の関係について検討するために，**相関分析**が用いられます。例えば，授業後の勉強時間が長い人は成績も良いのでしょうか。また，青年期においては，身長が高い人は体重も重いのでしょうか。このように，**1つの変数の値が変われば，もう1つの変数の値もそれに応じて変化する関係**のことを，**相関関係**と言います。この相関関係を数値として表す指標のことを，**相関係数（*r*）**と言います。

散布図

2つの変数の関係を視覚的に表現するために，「散布図」が用いられます。

例 中学生の身長と体重の関係：

身長（cm）	152	155	160	169	173	160	150	157	165	156
体重（kg）	45	47	47	53	55	51	44	47	53	50

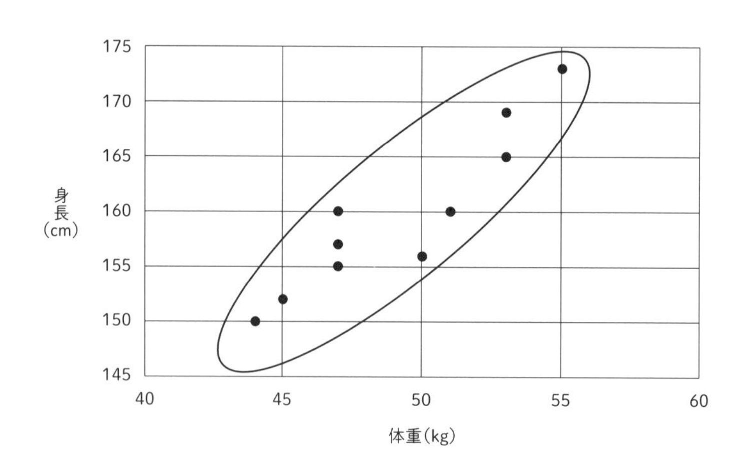

相関関係の種類

・正の相関関係

前の散布図を見ると，身長が高い学生であるほど，体重が重いことがわかります。このように，1つの変数の値が増えると，もう1つの変数の値も増える関係のことを，「正の相関関係」と言います。

・負の相関関係

例 気温とカイロの売上の関係：

気温（℃）	17.5	23.0	33.0	32.5	24.0
カイロの売上（千円）	50,000	45,050	30,100	33,050	40,050
気温（℃）	28.0	18.0	25.0	24.5	20.5
カイロの売上（千円）	37,000	48,000	40,050	40,050	48,000

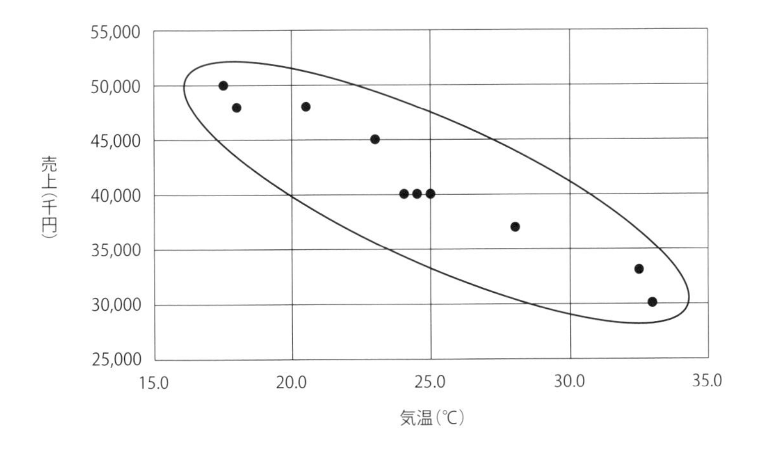

気温が高ければ高いほど，カイロの売上が下がることがわかります。このように，1つの変数の値が増えると，もう1つの変数の値が減る関係のことを，「負の相関関係」と言います。

・曲線の相関関係

例 睡眠時間と健康診断の結果の関係：

睡眠時間（時間）	8.5	10.0	6.5	5.0	7.0	8.0	12.0	9.0	6.0	11.0
健康診断の結果	5	3	4	2	4	5	2	4	3	3

注）健康診断の結果について，総合判定を用いて，Aを5，Bを4，Cを3，Dを2，Eを1とする。

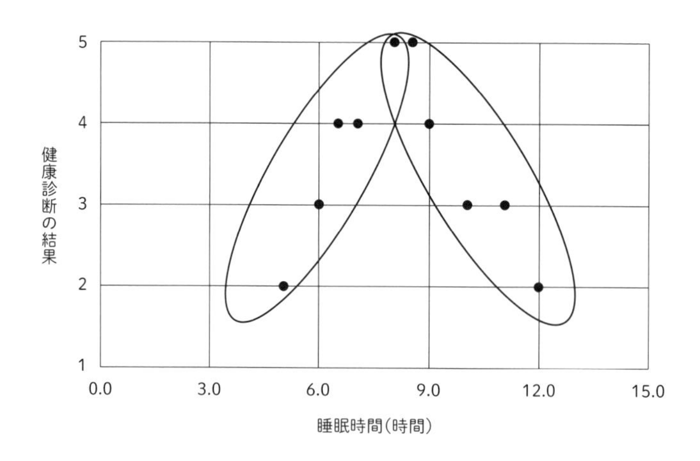

睡眠時間と健康診断の結果との間には直線的な関係は見られませんでしたが，曲線的な関係が見られました。一定の基準（8時間）までは，睡眠時間が長ければ長いほど，健康診断の結果が良いことがわかりましたが，その基準を超えて睡眠時間が長すぎると診断の結果が悪くなることが示されました。このような曲線的な関係のことを，「曲線相関」と言います。

・無相関

例 体重と体脂肪率の関係：

体重（kg）	45	47	47	53	55	51	44	47	53	50
体脂肪率（%）	26.2	22.5	27.5	22.5	28.0	30.0	26.0	24.0	25.0	24.0

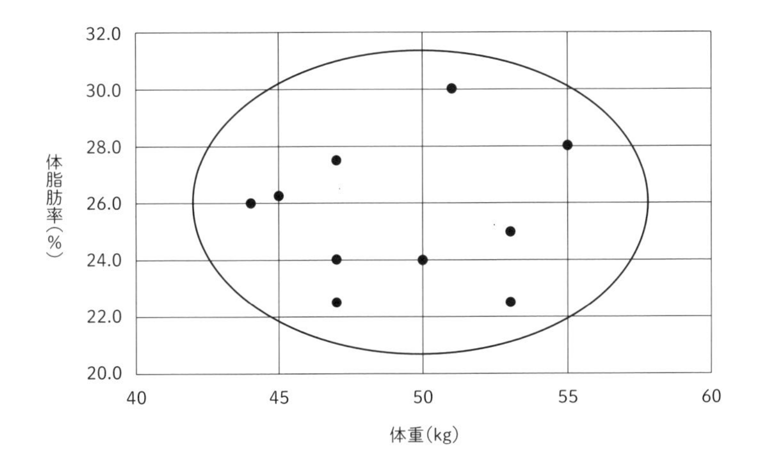

体重と体脂肪率との間には関係が見られませんでした。このように，2つの変数に同時に変化する関係が見られない場合のことを,「無相関」と言います。

相関係数の範囲

相関係数にはいくつかの種類がありますが，一般的に相関係数と言った場合は，「ピアソンの積率相関係数（記号：r）」のことです。ピアソンの積率相関係数は，データが正規分布していることが前提となり，間隔尺度と比率尺度のデータに適応しています。相関係数の範囲は，$r = -1.00 \sim +1.00$ となります。相関係数の値がプラスであれば正の相関，マイナスであれば負の相関を表します。また，相関係数の大きさの評価は，概ね以下のように判断されます。

.00	無相関
.00 ～ ± .20	ほとんど相関がない
± .20 ～ ± .40	弱い相関がある
± .40 ～ ± .70	中程度の相関がある
± .70 ～ ± 1.00	強い相関がある
±1.00	完全な相関

7.1 相関

研究課題

☑ 聴解能力と語彙力に相関はあるか，2 つのデータを分析する。

第二言語を勉強するとき，聴解能力を高めるためには，語彙力が不可欠だと先生に言われました。

そうですね。関係がありそうですね。

聴解能力と語彙力は本当に関係があるかについて調べてみました。昨年の日本語能力試験 N1 を受けた留学生 30 人に協力してもらって，「言語知識」と「聴解」の点数を教えてもらいました。

その結果は？

確かに，聴解の点数が高い人は，言語知識の点数も高い場合が多かったです。でも，言語知識の点数が高くても聴解の点数が低かった人もいました。

では，言語知識の点数と聴解の点数の**相関**を求めて，両者の間に関連があるかどうか検討してみましょう。

課題

聴解能力と語彙力との関連について検討するために，昨年の日本語能力試験 N1 を受けた留学生 30 名の成績を収集した。言語知識の点数と聴解の点数に相関があるかについて検討しなさい。

番号	言語知識	聴解
1	16	26
2	30	30
3	8	22
4	16	26
5	22	30
6	6	10
7	6	6
8	28	6
9	14	20
10	26	28
⋮	⋮	⋮
28	28	30
29	6	18
30	18	20

SPSSによる相関係数の算出方法

1．SPSSを起動し，Excelファイルからデータを読み込む。データが読み込まれると，以下のような画面が表示される。

	番号	言語知識	聴解	var
1	1.00	16.00	26.00	
2	2.00	30.00	30.00	
3	3.00	8.00	22.00	
4	4.00	16.00	26.00	
5	5.00	22.00	30.00	
6	6.00	6.00	10.00	
7	7.00	6.00	6.00	
8	8.00	28.00	6.00	
9	9.00	14.00	20.00	
10	10.00	26.00	28.00	

2．［変数 ビュー］を開き，各変数の［尺度］を設定する。

・**尺度：**番号を「名義」，言語知識と聴解の点数を「スケール」とする。

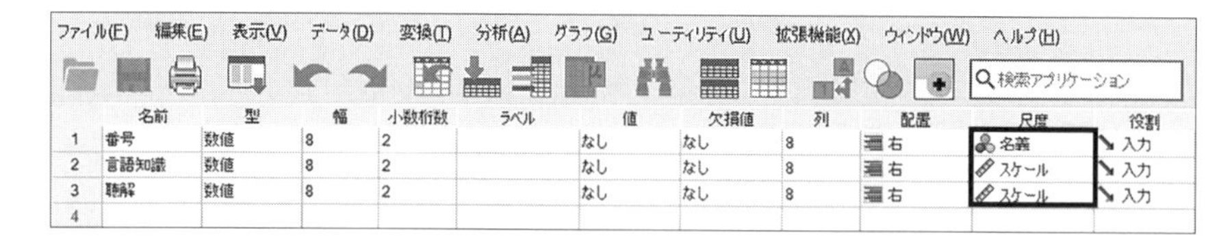

	名前	型	幅	小数桁数	ラベル	値	欠損値	列	配置	尺度	役割
1	番号	数値	8	2		なし	なし	8	右	名義	入力
2	言語知識	数値	8	2		なし	なし	8	右	スケール	入力
3	聴解	数値	8	2		なし	なし	8	右	スケール	入力
4											

3． 相関係数を算出する。

(1)［分析（A）］→［相関（C）］→［2変量（B）...］

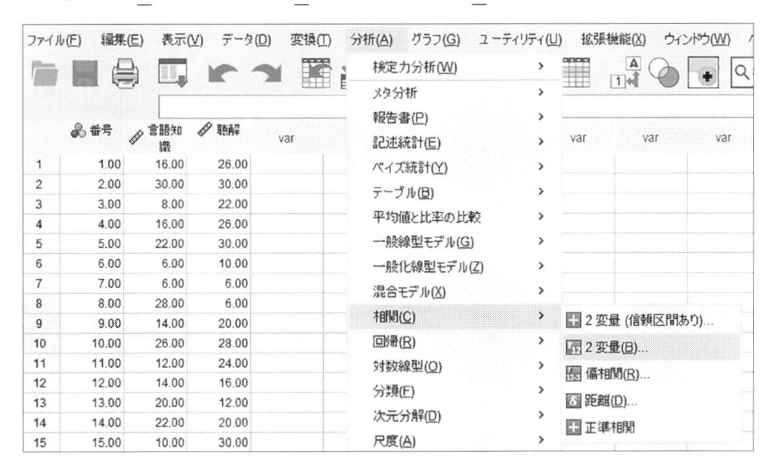

(2) 画面の中央にある矢印を用いて，言語知識と聴解を **［変数（V）］** に移動させる。相関係数は，**［Pearson（N）］** とする。また，有意差検定は，**［両側（T）］** とする。

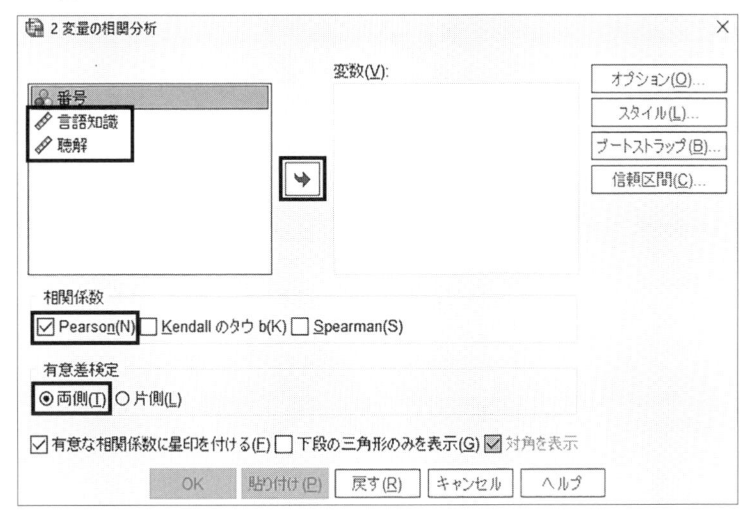

(3)［**オプション（O）…**］をクリックすると，以下のような画面が表示される。［**平均値と標準偏差（M）**］にチェックを入れて，［**続行**］をクリックする。

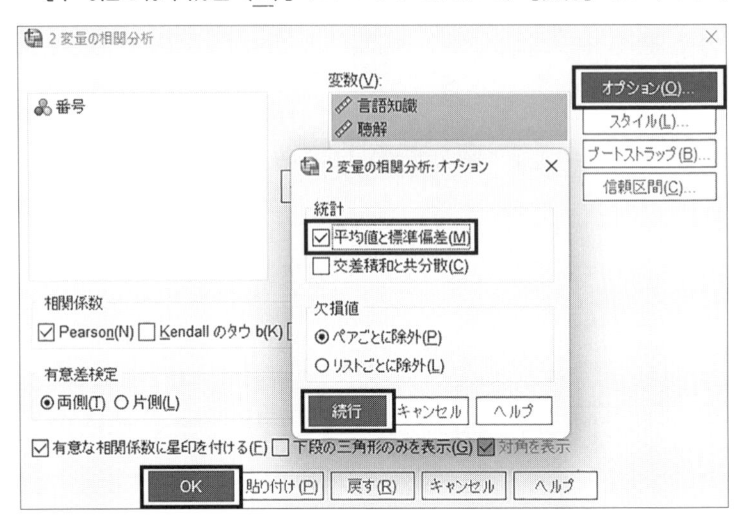

(4)［OK］をクリックする。

結果の見方

● **各変数の記述統計量：**

言語知識の平均値は 16.40（*SD*＝7.23）点，聴解は 19.13（*SD*＝8.69）点であった。

記述統計

	平均	標準偏差	度数
言語知識	16.4000	7.22830	30
聴解	19.1333	8.68901	30

●相関係数を算出した結果：

言語知識と聴解の相関係数は $r = .37$ $(p < .05)$ であった。

相関

		言語知識	聴解
言語知識	Pearson の相関係数	1	.372*
	有意確率 (両側)		.043
	度数	30	30
聴解	Pearson の相関係数	.372*	1
	有意確率 (両側)	.043	
	度数	30	30

*. 相関係数は 5% 水準で有意 (両側) です。

js-STAR による相関係数の算出方法

1. js-STAR のホームページを開くと，以下のような画面が表示される。**［相関係数の計算と検定］**をクリックする。

js-STAR XR+ release 1.6.0 j

Programing by Satoshi Tanaka & nappa(Hiroyuki Nakano)

★彡 お知らせ
- TOP
- What's new!
- 動作確認・バグ状況

★彡 各種分析ツール

度数の分析
- 1×2表(正確二項検定)
- 1×2表：母比率不等
- 1×J表(カイ二乗検定)
- 2×2表(Fisher's exact test)
- i×J表(カイ二乗検定)
- 2×2×K表(層化解析)
- i×J×K表(3元モデル選択)
- i×J×K×L表(4元モデル選択)
- 自動評価判定1×2(グレード付与)
- 自動集計検定2×2(連関の探索)
- 対応のある度数の検定

t 検定
- t 検定(参加者間) / ノンパラ
- t 検定(参加者内) / ノンパラ

分散分析
- As(1要因参加者間)
- sA(1要因参加者内)
- ABs(2要因参加者間)
- AsB(2要因混合)
- sAB(2要因参加者内)
- ABCs(3要因参加者間)
- ABsC(3要因混合)
- AsBC(3要因混合)
- sABC(3要因参加者内)

多変量解析
- 相関係数の計算と検定
- 回帰分析
- 因子分析

TOP

■ すばやいデータ分析を可能にする，ブラウザで動く，フリーの統計ソフト！

js-STARは，わかりやすいインターフェースとかんたんな操作により，驚くほどすばやくデータ分析ができる，無償の統計ソフトです。
ブラウザ上で動作するため，WindowsでもMacでも使用できます。

動作確認は，Windows10 + GoogleChrome で行っています。

・ダウンロード はこちらです。
・第XR版（js-STAR ver 10） はこちらです。
・スマホ版はこちらです。

■ XR+の充実した機能！！

表計算ソフトや統計ソフトRとの連携もでき，かゆいところに手が届くデータ加工やjs-STARではできない高度な分析も可能にしています。

- 表計算ソフトのデータを，テキストエリアやセルに，かんたんに貼り付け
- データ加工を助ける各種ユーティリティ
- ほどんどのツールで，分析に必要なRプログラムを出力
- Rプログラムは，計算結果の読み取りとレポート作成を自動化
- Rプログラムは，ベイズファクタ分析に対応
- 図や数値を操作して統計の理解を深める各種シミュレーション

■ Rパッケージの更新のお願い

Rパッケージ「car」が2021年6月にバージョンアップされました。これにより旧バージョンを使用した分散分析等にエラーが生じます。次の対策をとってください。

1. Rを起動
2. メニュー【パッケージ】＞【パッケージの更新】をクリック
3. ミラーサイト［Japan］を選び【OK】をクリック

2．相関係数を算出する。

分析に用いるデータを以下の空欄に貼り付けて，［**計算！**］をクリックする。

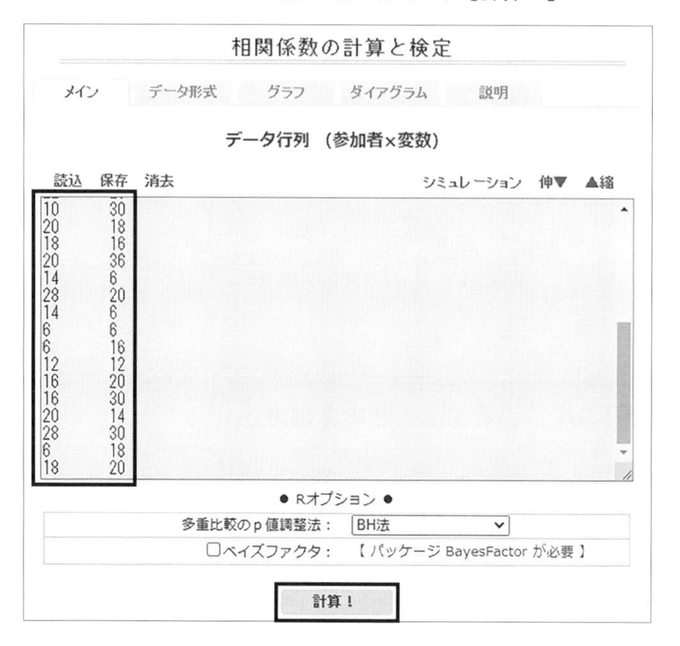

結果の見方

●**各変数の記述統計量：**

言語知識の平均値は 16.40（SD=7.11）点，聴解の平均値は 19.13（SD=8.54）点であった。

```
== Means & SDs(SDは標本標準偏差) ==

 N= 30
-------------------------------------------
Var.          Mean          S.D.          Min.          Max.
-------------------------------------------
1             16.400        7.107         6.000         30.000
2             19.133        8.543         6.000         36.000
-------------------------------------------
```

●**相関係数を算出した結果：**

言語知識と聴解の相関係数は $r = .37$（$p < .05$）であった。

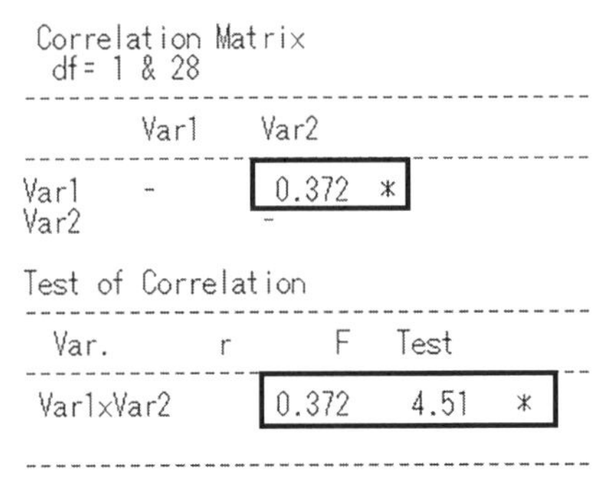
```
Correlation Matrix
 df= 1 & 28
------------------------------------------------
        Var1    Var2
------------------------------------------------
Var1     -      0.372  *
Var2             -

Test of Correlation
------------------------------------------------
 Var.        r        F   Test
------------------------------------------------
 Var1xVar2        0.372    4.51   *

------------------------------------------------
```

項目1と項目2には弱い関連があります。

課題：結果の記述方法例

言語知識と聴解の相関係数を算出した結果，有意な正の相関が見られた（$r = .37, p < .05$）（Table 1）。

Table1.　言語知識の点数と聴解の点数の相関（*N*=30）

	言語知識	聴解	*M*(*SD*)
言語知識	—		16.40(7.23)
聴解	.37*	—	19.13(8.69)

$^{*}p < .05$

練習問題

国語力と英語力の関連について検討を行うために，中学生 50 名に対して国語と英語のテストを実施した。国語の成績と英語の成績に相関があるかについて検討しなさい。

番号	国語の成績	英語の成績
1	66	60
2	66	66
3	36	36
4	60	54
5	18	54
6	48	36
7	66	78
8	42	84
9	54	48
10	66	66
⋮	⋮	⋮
48	90	90
49	60	60
50	54	54

解答

SPSS によって相関係数を算出した結果，有意な正の相関が見られた（$r =$ .53, $p <$ .01）（Table 2）。

Table2.　言語知識の点数と聴解の点数の相関（$N = 50$）

	国語の成績	英語の成績	$M(SD)$
国語の成績	—		54.36(19.71)
英語の成績	.53**	—	58.44(17.89)

**p < .01

記述統計

	平均	標準偏差	度数
国語の成績	54.3600	19.71093	50
英語の成績	58.4400	17.88987	50

相関

		国語の成績	英語の成績
国語の成績	Pearson の相関係数	1	.531**
	有意確率 (両側)		<.001
	度数	50	50
英語の成績	Pearson の相関係数	.531**	1
	有意確率 (両側)	<.001	
	度数	50	50

**. 相関係数は 1% 水準で有意 (両側) です。

おわりに

堤さん，ここまでおつかれさまでした。
考え方やどんなことをすればいいのか，全然わからないところからよく頑張りましたね。

エン先生，たくさんのことを教えていただき，本当にありがとうございました！
でも実は，これまで教えてもらった内容では対応できない問題が次々と出てきてしまっています……。

研究とは，やればやるほどに課題が増えていくものですからね。
あと覚えていてほしいのは，堤さんがやっているのは日本語研究。
統計学の習得に振り回されるのではなく，有意義に活用するということもまた，大事なことです。

いろんな意味で学ぶことがたくさんあるな……。
エン先生，これからも引き続き，ご指導をお願いいたします！

ゴホン，エン先生，堤さん，私も一緒に勉強の輪に混ぜてほしいのですが……。

日本語学ゼミの先生

……そんなこんなで，統計学活用の修行は続くのでした。

参考文献

石川慎一郎・前田忠彦・山崎誠（編）(2010)『言語研究のための統計入門』くろしお出版.

石村貞夫・石村光資郎（2015）『SPSSによる分散分析と多重比較の手順（第5版）』東京図書.

小塩真司（2018）『SPSSとAmosによる心理・調査データ解析：因子分析・共分散構造分析まで（第3版）』東京図書.

金谷英俊・磯谷悠子・牧勝弘・天野成昭（2018）『心理統計のためのSPSS操作マニュアル：*t*検定と分散分析』ナカニシヤ出版.

島田めぐみ・野口裕之（2017）『日本語教育のためのはじめての統計分析』ひつじ書房.

島田めぐみ・野口裕之（2021）『統計で転ばぬ先の杖』ひつじ書房.

田中敏（2021）『Rを使った〈全自動〉統計データ分析ガイド：フリーソフトjs-STAR_XRの手引き』北大路書房.

中野博幸・田中敏（2012）『フリーソフトjs-STARでかんたん統計データ分析』技術評論社.

橋本貴充・荘島宏二郎（2016）『実験心理学のための統計学：*t*検定と分散分析』誠信書房.

平井明代（編著）(2017)『教育・心理系研究のためのデータ分析入門：理論と実践から学ぶSPSS活用法（第2版）』東京図書.

平井明代（編著）(2018)『教育・心理・言語系研究のためのデータ分析：研究の幅を広げる統計手法』東京図書.

山田剛史・村井潤一郎（2004）『よくわかる心理統計』ミネルヴァ書房.

[著者紹介]

閻 琳（えん りん）
岡山大学大学院社会文化科学研究科修了。博士（文学）。現在，東海学院大学人間関係学部講師。
専門は心理学。動機づけに関する研究を行う。
主な論文：
「在日外国人留学生を対象としたアルバイト動機づけ尺度の作成」『パーソナリティ研究』26,「在日外国人留学生のアルバイト職務満足感：自己決定理論に基づく検討」『心理学研究』90（ともに共著） など

堤 良一（つつみ りょういち）
大阪外国語大学大学院言語社会研究科修了。博士（言語文化学）。現在，岡山大学学術研究院社会文化科学学域教授。
専門は日本語学・日本語教育学。指示詞に関する研究を行う。
主な著書：
『現代日本語指示詞の総合的研究』（ココ出版），『「大学生」になるための日本語』（ひつじ書房），『いい加減な日本語』（凡人社） など

レポート・卒論に役立つ
日本語研究のための統計学入門

初版第1刷———2023年 5月 10日

著 者———閻琳・堤良一

発行人———岡野秀夫

発行所———株式会社 くろしお出版

〒102-0084 東京都千代田区二番町4-3
[電話] 03-6261-2867 [WEB] www.9640.jp

本文・装丁イラスト 畠中美幸

本文・装丁デザイン 仁井谷伴子

印刷・製本 藤原印刷株式会社

ISBN978-4-87424-931-4 C3080